AI가 선택하는 브랜드의 비밀
AEO

일러두기

1. 이 책은 되도록 현행 외래어 표기법을 따랐으나, 독자들의 이해를 돕기 위해 관용적인 표현을 쓴 것도 있습니다.

2. 책은 『 』, 잡지 《 》, 논문, 리포트 「 」, 노래 〈 〉로 정리했습니다.

3. 본문 각주는 검은색 숫자로 표기했으며, 책 말미의 미주(참고 자료)는 본문에 파란색(별색)의 숫자와 반괄호 형태로 표현해 구분했습니다.

4. 독자들의 이해를 돕기 위해 일부 미국 달러 금액은 괄호 안에 당시 연평균 환율을 기준으로 환산한 한화 금액을 함께 표기했습니다.

AI가 선택하는 브랜드의 비밀

AEO

김용석 · 이승민 지음

처음북스

AI라는 최첨단 기술의 정점에서 우리가 잊지 말아야 할 핵심은 '기술은 수단일 뿐, 본질은 가치 전달'이라는 점이다. 검색의 시대가 저물고 행동의 시대가 도래한 지금, 이 책은 SEO에서 AEO로의 패러다임 전환을 단순한 기술적 대응이 아닌 비즈니스 생존 전략으로 명쾌하게 제시한다.

브랜드 컨설턴트와 AI 기술 리더의 독보적인 협업은 이론과 실전, 기술과 마케팅 사이의 간극을 완벽하게 메워준다. 특히 책 전반에 흐르는 "고객의 문제를 해결하고 있는가"라는 본질적인 질문은 기술 과잉의 시대에 리더들이 반드시 붙잡아야 할 이정표다.

현장을 누빈 전문가들의 통찰이 집약된 이 로드맵은, 거대한 AI 전환기를 항해하는 모든 리더와 마케터에게 명확한 방향을 제시하는, 가장 신뢰할 수 있는 지침서가 될 것이다. 기술 너머의 진정한 가치를 고민하는 모든 분께 이 책을 강력히 추천한다.

_ **김준범**, 아마존웹서비스 코리아 삼성전자 MX 영업 총괄

AEO에 대응하기 위해서는 영업·마케팅 조직, 온라인·웹 기술 조직, 상품기획 조직 등 다양한 조직의 유기적인 기여와 개선이 동시에 요구된다. 그렇기에 각 조직의 임원분들이 반드시 읽고 공통의 문제 인식을 형성하는 데 도움이 되는 책이라고 생각한다.

이 책은 단순한 개념 소개에 그치지 않고, 브랜드의 입장에서 어떻게 대응해야 하는지를 구체적인 커뮤니케이션 예시, 예산 운용 관점, 조직 구성에 대한 제안까지 포함해 매우 실무적으로 짚어준다.

_ **박정선**, LG전자 AI홈 사업추진팀 선임

AEO는 새로운 기술이 아니라, AI 시대에 살아남기 위한 사고방식이다. AI는 마케팅을 바꾼 것이 아니라, 우리가 그동안 외면해왔던 마케팅의 본질을 더 이상 피해 갈 수 없게 만들었으며, 『AI가 선택하는 브랜드의 비밀: AEO』는 이 사실을 정면으로 다룬다. 기술을 이야기하지만, 끝내 도달하는 곳은 언제나 같다. "당신은 누군가의 문제를 해결하고 있는가?"

이 책은 소비자의 선택권이 AI 에이전트로 이동하는 시대를 전제로, 기업과 리더가 어떤 질문에 답하도록 비즈니스를 설계해야 하는지를 근본부터 묻는다. 특히 인상적인 점은 AEO를 유행하는 기술이나 도구가 아니라, 변하지 않는 마케팅의 본질인 '고객의 문제를 해결하는 가치'로 되돌려 놓는 시선이다.

"우리는 얼마나 노출되고 있는가"가 아니라 "AI는 왜 우리를 답변으로 선택해야 하는가"라는 질문은 앞으로 모든 전략의 출발점이 되어야 한다. AEO는 선택받기 위한 기술이 아니라, 선택받을 이유를 설계하는 방식을 설명한다. 기술은 수단일 뿐이며 AI 시대에도 전략의 중심은 여전히 사람이다. 이 책은 그 사실을 냉정하고도 설득력 있게 상기시킨다.

AI 시대의 브랜드 전략은, AI에게 가장 먼저 선택되어야 하는 이유를 설계하는 데서 시작될 것이다.

_ 오순영, 『2025 AI 대전환』 공동저자, 아마존웹서비스 코리아 수석
솔루션즈 아키텍트, AI미래포럼 공동의장

지난 20년이 클라우드와 모바일이 이끈 스타트업의 시대였다면, 앞으로의 5년은 고도화된 인프라 접근성과 AI를 통한 인적 자원의 민주화로 개인의 잠재력이 무한히 확장되는 시대가 될 것이다.

특히 2026년은 AI 에이전트가 소비자 구매 방식의 근본적인 패러다임을 변화시키는 원년이 될 것이다. 이 책은 기업의 마케터는 물론, 1인 기업과 프로젝트형 협업을 준비하는 모든 사람들에게 '검색을 넘어 행동으로' 이어지는 AI 시대 새로운 소비자 경험을 가장 빠르게 포착하고 선점할 수 있는 명확한 가이드를 제시한다.

_ **이진원**, SAP 매니징 파트너

contents

추천사 … 4

프롤로그_이제 고객은 검색하지 않고 질문한다 … 10

CHAPTER 0　**현상** | 판이 바뀌었다: 찾는 고객에서 듣는 고객으로

타겟의 변화: 불특정 다수에서 0.1명으로 … 21

구매 여정의 변화: 마케팅 깔때기에서 AI 하이패스로 … 28

행동의 변화: 검색창에서 대화창으로 … 37

선택의 변화: AI의 선택이 소비자의 선택이 된다 … 41

전략의 변화: 검색 최상단에서 유일한 답변으로 … 49

용어의 정의: 기술(GEO)이 아니라 고객(AEO)을 보자 … 54

CHAPTER 1　**위기** | AEO의 시대: 소비 권력이 AI 에이전트로 넘어갔다

유입의 종말: 당신의 웹사이트는 이제 무인도다 … 61

사람이 아닌 AI가 지갑을 연다: 커머스 에이전트 … 69

쇼핑의 분절: 발견은 AI가, 결제는 인간이 … 77

플랫폼 전쟁: 아마존의 폐쇄 vs 쇼피파이의 개방 vs 월마트의 실용 … 83

CHAPTER 2　**원리** | AEO의 메커니즘: AI는 어떻게 브랜드를 인용하는가?

노출의 시대가 저물고, 인용의 시대가 왔다 … 93

AI의 뇌 구조 해부: 빈도가 아니라 맥락이다 … 98

AI의 선택을 받는 3개의 관문: 검색(R), 증강(A), 생성(G) … 110

AI 춘추전국시대, 답변 엔진마다 입맛이 다르다 … 116

CHAPTER 3 **전략** | SEO vs AEO: 패러다임의 전환

클릭을 파는 SEO, 구매를 이끄는 AEO … 127
SEO는 모두에게 1등, AEO는 당신에게만 1등 … 137
생존 로드맵: 단기(데이터 구조화)부터 장기(에이전트 구축)까지 … 143
예산의 선택과 집중: 기업 규모별 3단계 로드맵 … 151

CHAPTER 4 **전술** | AEO의 핵심: 선택받는 브랜드의 3가지 조건

타겟팅의 진화: 형광등을 끄고 레이저를 켜라 … 159
기획의 본질: 3C 분석과 AI 페르소나 설계 … 169
조건 1: 콘텐츠 AI와 인간을 동시에 설득하는 이중 화법 … 176
조건 2: 테크니컬 AI가 읽기 쉬운 구조화 데이터의 비밀 … 184
조건 3: 오프사이트 외부 평판과 신뢰의 알고리즘 … 190

CHAPTER 5 **실행** | 당장 내일 아침부터 실행하는 AEO 가이드

제작 실전 AI가 먼저 반응하는 시나리오형 FAQ 제작법 … 199
채널 실전 3대 답변 엔진을 동시에 공략하는 포트폴리오 전략 … 211
조직·리스크 누가 할 것인가? AEO 조직 세팅과 할루시네이션 방어 … 220
측정 보이지 않는 인용을 측정하는 KPI 설정 … 227
개인화 개인도 답변이 된다: AEO 퍼스널 브랜딩 … 234

에필로그_디 온리 앱 시대의 생존자 … 242
One More Thing_대가의 젓가락 … 247
Bonus_AEO 무료 진단 서비스 … 251
초고에 소중한 의견을 주신 인간 지능 … 251
참고 자료 … 252

이제 고객은
검색하지 않고
질문한다

1999년, 《타임 Time》지는 20세기의 가장 영향력 있는 인물 100인을 선정했다. 넬슨 만델라, 알버트 아인슈타인, 헨리 포드, 체 게바라 같은 거인들이 명단을 채웠다. 그런데 이 쟁쟁한 아이콘들 틈에 철학자로서는 극히 드물게 이름을 올린 인물이 있다. 철학사의 오랜 난제를 '언어의 문제'로 치환해 20세기 최고의 철학자로 꼽히는 루트비히 비트겐슈타인 Ludwig Wittgenstein이다.

"말할 수 없는 것에 대해 침묵하라"는 강렬한 명언으로 알려진 그의 철학적 여정을 따라가다 보면, 오늘날 AI의 변화, 특히 LLM(대규모 언어 모델)[1]의 진화를 미리 엿볼 수 있다. 철학 책은 아니니 최대한 단순하게 그 본질만 들여다보자.

---

1 대규모 언어 모델(LLM, Large Language Model): 방대한 텍스트 데이터를 학습하여 인간 수준으로 언어를 이해하고 생성할 수 있는 초거대 AI 모델.

언어는 그림이 아니라 놀이다

초기 비트겐슈타인은 언어를 세상의 그림처럼 보았다. 가령 "핑크색 코끼리가 4차선 도로를 달리고 있다"라고 말하면, 듣는 사람의 머릿속에는 즉각 그에 대응하는 이미지가 떠오른다. 언어와 그 언어가 지시하는 대상이 1:1로 딱 대응되어 이견이 없다. 하지만 사랑이나 선과 악 같은 추상적인 개념은 다르다. 사람마다 떠올리는 이미지가 제각각이라 공통된 합의를 끌어내기 힘들다. 그래서 그는 그런 개념에 대해서는 섣불리 말하지 말고 침묵하라고 일갈했다. 본인 이전 세대 철학자들의 논쟁이 이런 이유로 무의미하다고 본 것이다.[1]

훗날 그는 자신의 생각을 완전히 뒤집는다. 언어는 사물을 고정된 하나의 이미지로 그려내는 정적인 그림이 아니라, 맥락에 따라 끊임없이 의미가 바뀌는 동적인 활동임을 깨달았기 때문이다. 이를테면 "밥 먹을래?"라는 질문을 보자. 사전적으로는 허기짐을 묻는 단순한 질문이다. 하지만 실제 대화의 맥락에 따라 그 의미는 천차만별이다. 싸운 연인에게는 화해의 제안이 되고, 늦은 밤 야근하는 동료에게는 위로와 호감의 표현이 된다. 같은 문장이지만 상황에 따라 전혀 다른 의미가 된다.

그는 이것을 '언어놀이^{Sprachspiel}'라 불렀다. 언어는 마치 놀이처럼, 정해진 규칙과 맥락 안에서 상호작용할 때 비로소 의미를 갖는다는 것이다.[2]

LLM, 그림을 찢고 놀이의 판으로

놀랍게도 LLM의 진화 과정은 이 철학적 대전환과 판박이다. 초기 AI는 비트겐슈타인의 초기 철학처럼 작동했다. 특정 질문에 단순히 가장 확률이 높은 단어를 1:1로 매칭해 출력하는 수준이었다. 그러다 보니 정답 같기는 한데, 인간이 듣기엔 어딘가 맥락이 빠진 기계적인 대답뿐이었다.

그래서 등장한 것이 프롬프트 엔지니어링[2]이다. 사용자가 AI에게 더 나은 답을 얻기 위해, 질문 앞뒤에 맥락을 덧붙여 정교하게 설계하는 단계다. 인간이 AI에게 "지금은 이런 상황이니까 이렇게 대답해"라고 규칙을 알려주는 것이다.

하지만 AI는 여기서 한발 더 나아간다. 사용자의 질문 속에 숨겨진 의도와 정보를 AI가 스스로 파악하고 보강하는 콘텍스트 엔지니어링[3]의 시대가 열렸다. 이제 사용자는 구구절절 맥락을 설명하지 않아도 된다. 질문만 던지면 AI가 상황을 파악하고, 그 맥락에 맞는 최적의 언어 놀이를 수행한다. 언어를 정적인 그림처럼 보던 시대를 지나, 역동적인 게임처럼 플레이하는 시대가 된 것이다.

---

2 프롬프트 엔지니어링(Prompt Engineering): AI로부터 원하는 결과를 얻기 위해 명령어(질문)를 정교하게 설계하고 최적화하는 기술.

3 콘텍스트 엔지니어링(Context Engineering): 프롬프트를 포함해 대화 이력, 준수해야 하는 규칙, 검색 결과 등 AI의 입력 환경 전체를 설계해 성능, 일관성, 신뢰성을 확보하는 기술. 최신 에이전트들은 AI를 활용해 이 과정을 자동으로 수행해줌.

검색에서 대화로, 클릭에서 구매로 – AEO[4]의 시대

이 변화는 단순히 기술의 진보를 뜻하는 것이 아니다. 인간과 정보가 만나는 방식 자체가 근본적으로 바뀌고 있음을 의미한다. 우리는 이제 정보를 검색하는 대신, 대화를 통해 답을 얻는 시대를 맞이했다. 이는 커뮤니케이션의 지형이 바뀌는 것이며, 브랜드와 고객 사이의 관계 역시 이 거대한 전환에 적응해야 함을 의미한다. 그 중심에 있는 전략이 바로 AEO(답변 엔진 최적화)다.

미디어 이론가 마셜 맥루한Marshall McLuhan은 "매체는 메시지다[5]"라고 선언했다. 새로운 매체의 등장은 그 매체가 담고 있는 콘텐츠보다, 매체 그 자체의 형식이 인간의 관계와 행동의 척도를 결정한다는 뜻이다.[3] 네이버나 구글과 같은 검색 엔진이라는 매체가 우리에게 수많은 선택지 중 하나를 고르는 탐색의 관성을 심어주었다면, AI 답변 엔진이라는 새로운 매체는 단 하나의 정답을 수용하는 대화의 관성으로 우리를 인도한다. 매체가 바뀌었으므로 브랜드가 던져야 할 메시지의 본질도 바뀌어야 한다.

---

4 답변 엔진 최적화(AEO, Answer Engine Optimization): 이 책에서는 사용자의 질문에 대해 AI가 유일한 정답이나 최적의 답변으로 우리 브랜드를 제시하도록 만드는 마케팅 전략을 의미.

5 매체는 메세지다(The Medium is the Massage): 매체 기술의 형식이 인간의 감각 기관과 인지 방식을 물리적으로 주물러 변화시킨다는 마셜 맥루한의 확장된 명제. 1967년 동명의 저서 제목이 인쇄 실수로 Message가 아닌 Massage로 인쇄되었으나, 맥루한은 이를 그대로 수용하며 새로운 의미를 부여함.

기존의 SEO(검색 엔진 최적화)[6]는 소비자의 검색 결과 페이지에서 상위에 노출되는 것을 목표로 삼았다. 검색어에 맞춰 웹사이트의 콘텐츠와 구조를 최적화해, 검색 결과 목록이라는 수많은 선택지 중 최상단에 오르기 위한 전략이었다. 이는 소비자의 클릭을 유도하고 웹사이트 방문과 구매를 끌어내기 위한 방식이었으나, 본질적으로는 수많은 경쟁 브랜드 사이에서 선택받기를 기다리는 수동적인 접근에 머물렀다.

반면 AEO는 검색이 아닌 대화에서 '답'이 되는 브랜드를 만드는 전략이다. 소비자는 이제 키워드가 아닌 질문을 던지고, AI는 가장 적절한 답을 대화 속에서 즉시 제공한다. 맥루한의 관점에서 볼 때, AI는 인간의 지능을 확장해 탐색의 수고를 덜어주는 대리인이다. 여기서 브랜드는 더 이상 여러 후보 중 하나가 아니라, 고객의 질문을 종결짓는 단 하나의 답변으로 선택되어야 한다.

핵심적인 차이는 바로 여기에 있다. SEO가 클릭 이후의 행동을 복잡하게 예측하고 유도했다면, AEO는 대화 안에서 바로 구매로 연결되는 직관적 구조를 가진다. AI와의 대화는 단순한 정보 탐색을 넘어 추천과 설득, 그리고 최종 의사결정까지 한 번에 포함하는 여정이다. 이제 브랜드의 목표는 단순한 클릭 유도가 아니라, 구매를 이끄는 단호한 대답이 되어야 한다. 이것이 AEO가 가진 본질

6　검색 엔진 최적화(SEO, Search Engine Optimization): 검색 결과 페이지 상단에 웹사이트가 노출되도록 키워드와 콘텐츠를 최적화하는 전통적인 마케팅 방식.

적인 변화이며, AI 시대에 진짜 성과를 만들어내는 유일한 길이다.

AI와 함께 짜는 콘텍스트 - 기술과 마케팅의 교차점

텍스트^{text}의 어원은 라틴어 textus(짜인 것, 엮인 것)이며, 이는 동사 texere(짜다)에서 왔다. 콘텍스트^{context}는 라틴어 contextus(함께 엮인 것)에서 유래했는데, 이는 con-(함께)과 texere가 결합된 형태다. 결국 콘텍스트란 여러 가닥의 실을 '함께 엮어 하나의 맥락을 짜는 행위'라 할 수 있다.

이 어원에 주목한 이유가 있다. 우리가 마주한 AI 시대의 마케팅, 즉 AEO는 어느 한 가닥의 실만으로는 완성할 수 없는 정교한 직물이기 때문이다. 기술 전문가가 쓴 AEO는 시장의 역동성을 놓치기 쉽고, 마케터가 쓴 AEO는 기술의 본질을 오해하기 쉽다. AI 시대에 '답이 되는 브랜드'를 만들기 위해서는 기술과 마케팅이라는 두 언어의 정교한 교차가 필수적이다.

이런 배경에서 AI 전문가 이승민과 브랜딩 전문가 김용석은 각자의 전문성을 보태기로 했다. 10년 넘게 현장을 누벼온 두 저자의 경험을 씨실과 날실로 교차시켜 AI 시대가 요구하는 마케팅 콘텍스트를 완성하고자 했다. 이 책은 그 협업의 기록이자, AI 시대의 새로운 마케팅 지도를 그리는 데 필요한 이정표다. 우리가 함께 짜 내려갈 AEO의 맥락은, 다음 여섯 단계의 여정을 거쳐 완성된다.

CHAPTER 0. [현상]: 찾는 고객에서 듣는 고객으로 변한 소비자 행동의 본질을 파헤친다. 왜 0.1명 단위의 초개인화 타겟팅이 생존의 조건이 되었는지 설명한다.

CHAPTER 1. [위기]: 당신의 웹사이트는 왜 아무도 방문하지 않는 무인도가 되어가는지, AI 에이전트가 인간의 쇼핑 권력을 어떻게 가져가고 있는지 그 위기의 실체를 직시한다.

CHAPTER 2. [원리]: AI는 어떤 기준으로 브랜드를 선택하는가? 빈도가 아닌 맥락을 읽는 AI의 뇌 구조와 'R-A-G'라는 세 가지 관문을 해부한다.

CHAPTER 3. [전략]: 클릭을 파는 SEO에서 구매를 이끄는 AEO로 가는 생존 로드맵을 제시한다. 기업 규모에 맞는 단계별 전략을 확인할 수 있다.

CHAPTER 4~5. [전술과 실행]: 콘텐츠, 테크니컬, 오프사이트라는 3가지 조건부터 당장 내일 아침 실행할 수 있는 시나리오 기반의 제작법과 성과 측정법까지 상세히 다룬다.

우리는 지금, AI가 인간의 언어를 이해하는 시대를 지나, 인간과 함께 '맥락을 짜는' 시대로 진입하고 있다. 브랜드 또한 이제 검색 결과의 일부가 아니라, AI가 대화 중 선택하는 단 하나의 '답'이 되어야 한다. 브랜드의 존재 방식이 바뀌고 있는 것이다.

마케팅의 바이블로 불리는 잭 트라우트 Jack Trout와 알 리스 Al Ries의 『포지셔닝 Positioning』은 소비자의 머릿속에 브랜드를 각인시키는 것을 강조했다. [4] 하지만 이제 그 머릿속의 범위는 인간을 넘어 AI까지 확장되었다. AEO의 목표는 사람들에게 인식되는 브랜드를 넘어, AI가 가장 먼저 선택하는 단 하나의 브랜드가 되는 것이다.

검색의 종말, 단 하나의 답이 되어라

당신이 지금껏 알고 있던 SEO는 잊어도 좋다. 이 책에서 다루는 AEO는 검색 순위에 목매는 기술이 아니다. AI 시대, 고객과의 대화 속에서 정답이 되는 브랜드를 만드는 전략이다. 그리고 이 전략은 상아탑 속 개념이 아니라, 실제 현장을 누빈 AI 전문가와 브랜딩 전문가가 함께 엮어낸, 바로 적용 가능한 살아있는 언어다.

AI의 기술적 진화만 이야기하는 책도 아니고, 마케팅 이론만 반복하는 책도 아니다. 이 책은 기술과 마케팅의 교차점에서만 가능한 깊이와 실전성으로, AEO의 본질까지 깊숙이 내려간다. AEO가 무엇인지, 왜 중요한지, 그리고 당신의 비즈니스에 어떻게 연결될 때 진짜 성과로 이어지는지, 이제부터 분명히 알게 될 것이다.

클릭을 넘어 구매로, 검색을 넘어 선택으로 가는 여정이 지금부터 시작된다. 바로 AEO에서.

겨울 공기에서 새싹 잎이 느껴지는 계절에

김용석

현상 | 판이 바뀌었다

: 찾는 고객에서 듣는 고객으로

타겟의 변화 :
불특정 다수에서
0.1명으로

'국민가요'라는 수식어가 붙은 노래가 마지막으로 등장한 게 언제였을까? 원더걸스의 〈Tell Me〉나 소녀시대의 〈Gee〉, 혹은 유튜브 시대를 연 싸이의 〈강남스타일〉 정도를 제외하면, 최근 10여 년 사이 모두가 따라 부르는 국민가요를 찾기 어려워졌다. 이유는 명확하다. 대중의 눈과 귀를 독점했던 TV, 라디오, 신문, 잡지, 즉 4대 매체의 절대 권력이 무너졌기 때문이다.

이건 가수나 노래만의 이야기가 아니다. 우리 삶을 지탱하는 거의 모든 영역에서 동시다발적으로 일어나고 있는 거대한 전환이다. 특히 마케팅 타겟이 누구를 향해 진화해 왔는지를 복기해 보면, 그 변화의 실체가 더욱 선명하게 드러난다. 마케팅은 크게 네 단계를 거치며 더 좁고, 더 깊게 우리 곁으로 다가왔다.

시작은 불특정 다수를 향해 거대하게 외치던 매스 미디어의 시대였다. 누가 보는지를 따지기보다, 일단 최대한 많은 이에게 노출하는 것이 승리 공식이었다. 4대 매체가 권력을 쥐고 있던 시기에는 집집마다 비슷한 시계와 탁자가 있었고, 누구나 아는 몇 안 되는 브랜드가 욕실을 점령했다. TV 광고만 봐도 그 시대를 짐작할 수 있었고 '국민템'이라는 말이 전혀 어색하지 않았다. 막대한 예산을 들일 수 있는 소수의 대기업만이 다수의 소비자에게 도달할 수 있었던, 철저히 공급자 중심의 시대였다.

이 시기 소비자의 선택권은 철저히 제한적이었다. 4대 매체에 등장하는 제품이 곧 시장의 표준이었고, 소비자는 그 좁은 울타리 안에서만 구매를 결정해야 했다. 어떤 노래를 듣고, 어떤 상품을 살지는 매체가 비춰주는 범위 내로 한정되었다. 획일화된 매체는 획일화된 소비를 낳았고, 그래서 '국민'이라는 접두사가 자연스럽게 붙었다.

기술이 발전하며 마케팅은 특정 소수를 세밀하게 관리하는 CRM(고객 관계 관리)[7]의 시대로 접어들었다. 우편이나 문자 메시지 등을 활용해 당신의 브랜드에 관심 있는 사람들에게 직접 말을 걸기 시작한 것이다. 이는 모두가 아닌 '특정한 너'에게 집중하기 시

---

7 고객 관계 관리(CRM, Customer Relationship Management): 기업은 확보한 고객 데이터를 분석하여 개별 고객의 특성에 맞는 마케팅을 전개하고, 지속적인 관계 구축을 통해 브랜드 충성도를 높이는 경영 전략.

작한 마케팅의 첫 번째 세분화였다.

인터넷의 등장은 이 판을 다시 한 번 완전히 뒤집었다. 수십억 원의 예산 없이도 단돈 몇만 원으로 광고할 수 있는 시대가 열렸고, 마케팅은 데이터 기반의 개인화 단계로 진화했다. 전 국민이 똑같은 브랜드를 소비하던 시대는 끝났다. 사람들은 저마다의 취향과 관심사에 따라 선택하기 시작했고, 이때 기민한 기업들은 퍼포먼스 마케팅[8]과 SEO라는 두 가지 무기에 집중했다.

나이, 지역, 관심사 등 데이터를 기반으로 타겟을 세분화하여 광고를 송출하는 개인화 전략은 '국민템'을 밀어내고 '개인템'의 시대를 열었다. 에코마케팅은 이 흐름을 가장 영리하게 파고든 기업이다. 그들은 퍼포먼스 마케팅을 무기로, 없던 시장을 창조하고 잠재력 있는 브랜드를 빠르게 성장시켰다. 미니 마사지기 '클럭'을 론칭해 소형 가전 시장의 판도를 바꿨고, 젤네일 제조사 글루가에 투자해 '오호라'를 단숨에 업계 선두로 끌어올렸다. 또, 경영 위기에 빠진 애슬레저 브랜드 '안다르'를 인수해 보란 듯이 1위 브랜드로 부활시켰다. 퍼포먼스 마케팅으로 핵심 고객을 확보해 덩치를 키운 뒤, TV 같은 4대 매체까지 연동해 시장을 장악하는 그들의 전략은 디지털 마케팅 시대의 교과서가 되었다.[5]

---

8 퍼포먼스 마케팅(Performance Marketing): 불특정 다수에게 노출하는 것이 아니라, 데이터를 기반으로 개인화된 맞춤형 광고를 노출하고 성과(클릭, 구매 등)를 측정해 최적화하는 마케팅 기법.

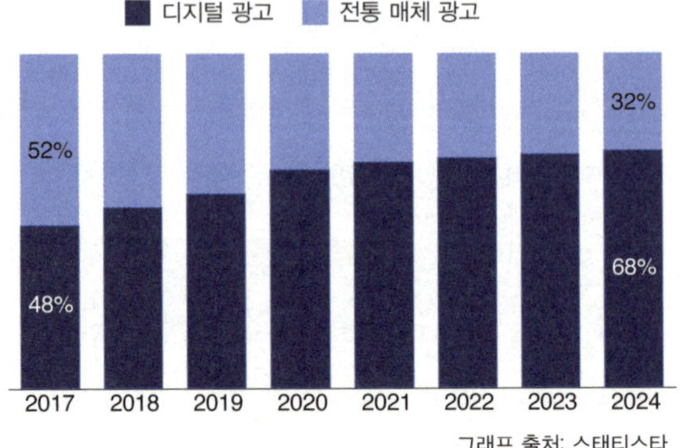

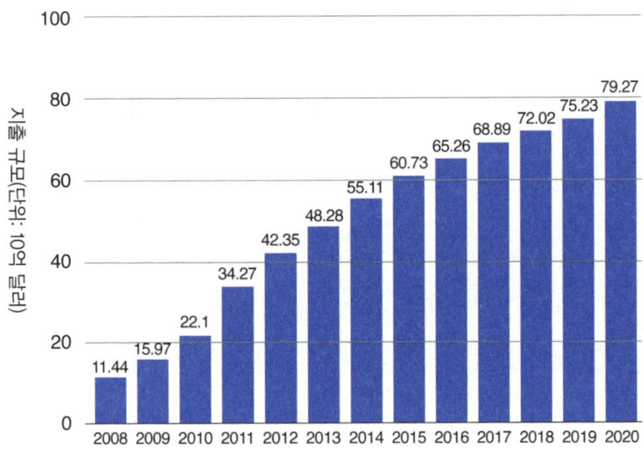

개인들은 SEO의 흐름을 탔다. 상위 노출의 파괴력을 먼저 깨달은 이들은 블로그를 단순한 일기장이 아닌 거대한 '매대'로 바꿨다. 그 영향력은 중소기업을 능가할 정도였다. 실제로 2011년 세상을 떠들썩하게 했던 '파워블로거 사태'는 그 파괴력을 단적으로 보여준

CHAPTER 0 • 현상_판이 바뀌었다

다. 당시 한 블로거가 공동구매를 주선하며 수수료로만 무려 1년에 8억 8,000만 원을 받은 사실이 드러났다. 대가성을 공지하지 않은 채 순수한 정보인 것처럼 포장한 이 사건은, 비록 윤리적 문제를 남겼지만, 역설적으로 개인이 가진 검색 영향력이 기업을 넘어설 수도 있음을 증명한 결정적 장면이었다.[6]

하지만 영원한 것은 없다. 지금까지 시장을 지탱해 온 퍼포먼스 마케팅과 SEO의 유효기간이 끝나가고 있다. 아니, 붕괴는 이미 시작되었다. 퍼포먼스 마케팅은 2021년 애플Apple의 ATT(앱 추적 투명성) 정책[9]으로 직격탄을 맞았다. 퍼포먼스 마케팅의 핵심은 '살 가능성이 높은 사람'을 찾아내는 것인데, 이를 위해서는 개인의 행동 데이터가 필수적이다. 기존에는 웹과 앱에 심어둔 광고 픽셀[10]을 통해 고객을 정밀하게 추적할 수 있었다. 그러나 ATT 도입 이후 아이폰 사용자 상당수가 추적 거부를 선택했다. 광고주는 고객의 마음을 들여다보던 투시경을 빼앗기고, 흐릿한 안대를 쓴 채 광고를 집행하게 된 셈이다. 당연히 효율은 급감했다. 맞춤 타겟팅은 정교함을 잃었으며 리타겟팅[11]은 제대로 작동하지 않았다.

SEO의 상황도 이와 맞물려 변하고 있다. 챗GPT로 촉발된 생성

---

9 앱 추적 투명성 정책(ATT, App Tracking Transparency): 애플이 도입한 개인정보 보호 정책으로, 앱이 사용자의 활동을 추적하려 할 때 반드시 사용자의 동의를 얻도록 강제하는 기능.

10 광고 픽셀(Ad Pixel): 웹사이트의 소스 코드(HTML) 내에 삽입하여 방문자의 행동(클릭, 구매, 장바구니 담기 등)을 추적하는 식별 코드.

11 리타겟팅(Retargeting): 내 웹사이트에 방문했거나 특정 행동을 한 사용자에게 다시 광고를 보여주며 재방문과 구매를 유도하는 기법.

형 AI[12]의 등장은 사람들의 검색 습관을 송두리째 바꿨다. 사람들은 이제 검색창에 키워드를 입력하고 링크를 뒤지는 대신, AI에게 자신의 구체적인 문제를 털어놓고 답을 듣는다. 2025년 5월, 애플의 서비스 부문 수석 부사장 에디 큐Eddy Cue는 법정에서 "AI 검색엔진이 구글 같은 기존 검색엔진을 대체할 것"이라 증언했다. 그는 사파리 브라우저의 검색량이 사상 최초로 감소했음을 밝히며, 그 원인으로 사용자들이 검색 대신 AI와 대화하기 시작했다는 점을 지목했다.[7]

이제 우리는 AI가 이끄는 초개인화의 시대로 진입했다. 초개인화는 단순히 한 사람을 조명하는 것을 넘어, 한 사람 안에서도 시시각각 변하는 맥락과 특정 문제를 짚어내는 단계다. 마케팅 업계에서는 이를 0.1명 단위의 타겟팅이라 부른다.

데이터 추적이 막혀 누가 보는지 알 수 없다면, 이제 AI를 통해 그가 어떤 상황에 처해 있는지 맥락을 읽어내야 한다. 같은 사람이라도 아침 출근길에 느끼는 결핍과 퇴근 후 침대에 누워 느끼는 욕망은 전혀 다르기 때문이다. 생성형 AI는 바로 이 지점을 파고든다. 사용자가 처한 구체적인 상황과 질문의 맥락을 분석해 실시간으로 가장 적합한 답을 제안한다.

---

12 생성형 AI(Generative AI): 방대한 데이터를 학습해 새로운 콘텐츠를 만들어내는 기술적 토대. AI 답변 엔진(AI Answer Engine)은 생성형 AI 기술을 검색에 접목해 사용자의 질문에 완성된 정답을 제공하는 서비스 형태를 의미함. 이 책에서는 논의의 핵심인 유저의 경험과 브랜드의 대응 전략에 집중하기 위해, 문맥에 따라 두 용어를 엄밀한 구분 없이 혼용하여 사용함.

디지털 마케팅의 양 날개였던 퍼포먼스 마케팅과 SEO는 각기 다른 이유로 추락하고 있다. 과거 4대 매체만 믿던 기업이 도태되고 새로운 물결에 올라탄 기업이 도약했듯, 또 한 번의 거대한 변곡점이 찾아왔다.

과거의 소비자는 수동적으로 매체를 수용했다. 그러다 검색이라는 능동적 탐색을 시작했다. 이제는 검색조차 하지 않는다. 그저 AI에게 말을 걸고, 답을 듣는다. 소비자는 이제 정보를 찾는 검색자Searcher가 아니라, AI와 대화하는 질문자Asker가 되었다.

기술의 변화는 필연적으로 소비자의 행동을 바꾼다. 이 흐름을 놓치면 아무리 격렬하게 날갯짓해도 바람을 타지 못한다. 반면, 샤오미Xiaomi의 창업자 레이쥔Lei Jun도 말했듯 태풍의 길목에 서면 돼지도 날 수 있다.[8] 지금 불어오는 태풍의 이름은 AI다. 그리고 그 태풍에 올라타는 방법이 바로 AEO다.

그렇다면 이 거대한 태풍 속에서 소비자는 어떻게 움직이고 있을까? 기술이 바꿔놓은 그들의 발자국, 즉 '구매 여정'의 변화를 추적하는 것에서부터 답을 찾아보자.

구매 여정의 변화:
마케팅 깔때기에서
AI 하이패스로

기술의 변화는 필연적으로 소비자의 행동을 바꾼다. 이 흐름을 가장 직관적으로 보여주는 도구가 바로 마케팅 퍼널[13]이다.

마케팅 퍼널은 고객이 브랜드를 처음 인지한 순간부터 지갑을 열고 구매하기까지의 여정을 단계별로 시각화한 프레임워크다. 아래로 내려갈수록 폭이 점차 좁아지는 깔때기 모양의 도구는 고객이 어디서 유입되고 어디서 이탈하는지를 적나라하게 보여주기 때문에, 브랜드가 전략의 빈틈을 찾고 메우는 데 필수적인 나침반 역할을 한다.

퍼널은 고정불변의 법칙이 아니다. 시대와 기술의 변화에 따라 끊임없이 진화해 온 생물과도 같다. 실무에서 흔히 관리하는 '방

---

13 마케팅 퍼널(Marketing Funnel): 고객이 제품을 인지하고 구매에 이르기까지 겪는 심리적·행동적 단계를 깔때기(Funnel) 모양으로 도식화한 마케팅 모델.

문, 장바구니, 결제'와 같은 행동 지표는 고객의 심리 변화라는 거대한 설계도 위에서 움직이는 결괏값이다. 이 심리적 흐름을 이해하지 못한 채 숫자만 쫓는 것은 나침반 없이 망망대해를 항해하는 것과 다를 바 없다.

소비자의 행동이 어떻게 변화해 왔는지 그 본질을 이해해야만 AI 시대의 생존 전략도 보이기 시작한다. 이제 검색이 질문으로 대체되고 탐색이 추천으로 변화하는 시대의 생존 전략을 찾기 위해, 마케팅 퍼널의 진화 과정을 깊이 들여다볼 차례다.

1. AIDA: 마케팅 퍼널의 탄생[9]

마케팅 퍼널의 역사는 1898년으로 거슬러 올라간다. 미국의 광고 대행사 대표였던 엘모 루이스E. St. Elmo Lewis는 AIDA 모델을 제시했다. 이는 고객이 브랜드와 관계를 맺는 심리적 단계를 네 가지로 정리한 것이다.

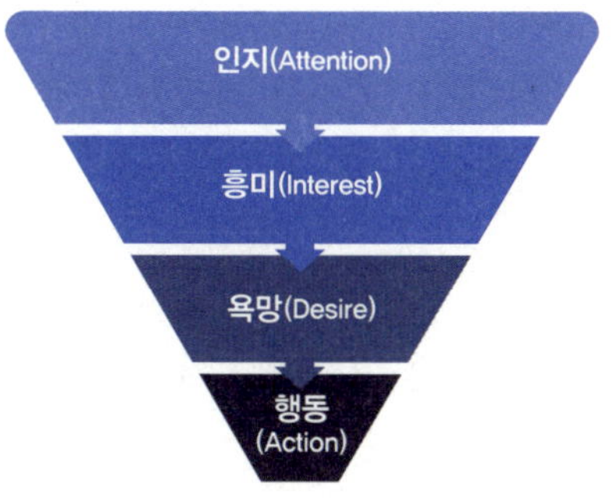

- **인지(Attention):** 자신의 문제를 인식하고, 해결책이 될 상품이나 브랜드를 발견한다.
- **흥미(Interest):** 나에게 적합한지 탐색하며 관심을 가진다.
- **욕망(Desire):** 호감을 넘어 소유하고 싶은 욕구로 발전한다.
- **행동(Action):** 구매 의도를 굳히고 지갑을 연다.

이후 1924년, 윌리엄 H. 타운센드 William H. Townsend가 이 모델에 깔때기 형태의 이미지를 접목하면서, 우리가 아는 마케팅 퍼널의 개념이 완성되었다. 상단에서 다수가 유입되고 단계마다 이탈하며 소수만이 구매에 도달한다는 이 구조는 100년이 지난 지금도 유효한 마케팅의 강력한 기본 원리로 작동하고 있다.

2. AIDMA: 기억이 지배하던 시대[10]

1920년대, 경제학자 롤런드 홀 Roland Hall은 AIDA에 '기억 Memory' 단계를 추가한 AIDMA 모델을 제안했다. 고객은 흥미를 느꼈다고 해서 바로 지갑을 열지 않는다. 4대 매체가 지배하던 시절, 고객의 행동 패턴은 다음과 같았다.

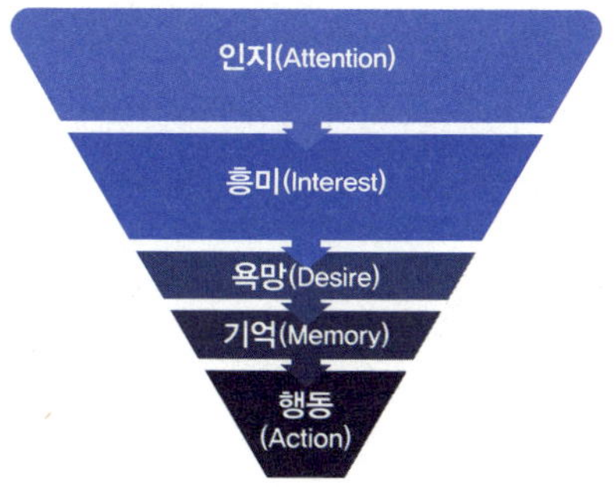

- **인지(Attention):** TV나 신문 광고를 통해 브랜드를 처음 접한다.

- **흥미(Interest):** 광고 속 메시지에 끌려 제품에 관심을 가진다.

- **욕망(Desire):** 제품을 갖고 싶다는 강한 욕구를 느낀다.

- **기억(Memory):** 당장 구매하지 않더라도 브랜드를 기억해 두었다가 필요할 때 떠올린다.

- **행동(Action):** 매장에서 기억해 둔 제품을 발견하고 구매한다.

이는 정보가 제한적이고 매체의 영향력이 절대적이던 시기에 효과적인 모델이었다. 고객의 머릿속(기억)을 점유하는 것이 곧 시장 점유율로 이어지던 시대였다.

3. AIDCA: 확신이 필요한 시대[11) 12)]

공급이 수요를 초과하고 제품 간의 기능적 차이가 희미해지자, 단순히 '갖고 싶다'는 감정적인 욕망Desire만으로는 결제 버튼까지 유도하기 어려워졌다. 수많은 유사 제품 사이에서 '과연 이 제품이 나의 문제를 해결할 유일한 정답인가?'라는 의구심이 앞서기 시작했기 때문이다. 이에 따라 욕망과 행동Action 사이에 고객의 의심을 걷어내고 구매의 당위성을 부여하는 확신Conviction 단계를 끼워 넣은 AIDCA 모델이 등장했다.

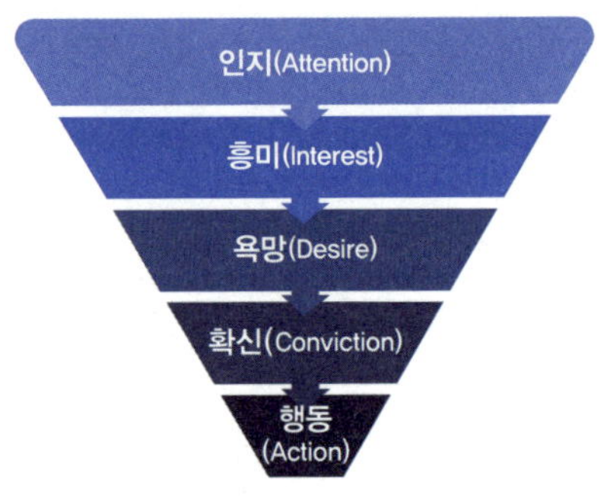

- **인지(Attention):** 수많은 제품 중 눈에 띄는 브랜드를 발견한다.

- **흥미(Interest):** 나에게 필요한 제품인지 관심을 가진다.

- **욕망(Desire):** 제품을 소유하고 싶은 감정적 욕구를 느낀다.

- **확신(Conviction):** 의심을 거두고, 이 브랜드가 유일한 해답이라는 논리적 확신을 갖는다.

- **행동(Action):** 망설임 없이 구매를 결정한다.

고객에게 확신을 심어주기 위해 효용, 비교 우위, 가격 경쟁력 등 논리적인 근거가 필요해진 것이다. 이는 감성적인 끌림을 넘어,

이성적인 확신이 구매의 최종 관문으로 떠올랐음을 의미한다.

4. AISAS: 검색하는 능동적 소비자의 등장[13]

인터넷이 보급되면서 마케팅 퍼널은 결정적인 전환점을 맞는다. 소비자는 더 이상 정보를 수동적으로 받아들이는 존재가 아니다. 일본의 광고대행사 덴츠^{Dentsu}는 이러한 변화를 포착해 AISAS 모델을 내놓았다.

- **인지(Attention):** 인터넷 광고나 입소문을 통해 브랜드를 인지한다.

- **흥미(Interest):** 제품에 호기심을 느끼고 더 알아보고 싶어 한다.

- **검색(Search):** 흥미가 생긴 즉시 검색창을 열어 정보를 능동적으로 탐색하고 검증한다.

- **행동(Action):** 충분한 정보를 바탕으로 구매를 결정한다.

- **공유(Share):** 구매 경험을 블로그나 SNS에 남겨 또 다른 고객의 인지

를 유발한다.

핵심은 '검색'과 '공유'다. 소비자는 직접 정보를 검증하고, 자신의 경험을 공유해 퍼널을 일방향 직선에서 순환하는 고리 형태로 진화시켰다.

5. 마케팅 아워글라스[14]: 구매는 끝이 아니라 시작

최근의 마케팅 퍼널은 고객 경험을 중심으로 재편되었다. 깔대기 두 개를 맞붙여 놓은 듯한 모래시계 모양의 '마케팅 아워글라스' 모델이 대표적이다. 이 모델은 구매 이후의 단계를 더욱 중요하게 다룬다.

- (구매 전 단계는 기존 퍼널과 유사함.)

- **충성(Loyalty):** 제품에 만족하여 재구매를 반복하고 단골이 된다.

- **옹호(Advocacy):** 브랜드를 자발적으로 주변에 추천하며 팬이자 마케터 역할을 자처한다.

---

14 마케팅 아워글라스(Marketing Hourglass): 모래시계라는 뜻으로, 구매 전 단계(인지~구매)와 구매 후 단계(경험~추천)를 결합한 프레임워크. 고객이 구매한 후 이탈하지 않고 브랜드의 팬이 되어 새로운 고객을 유인하는 선순환 구조를 시각화한 모델.

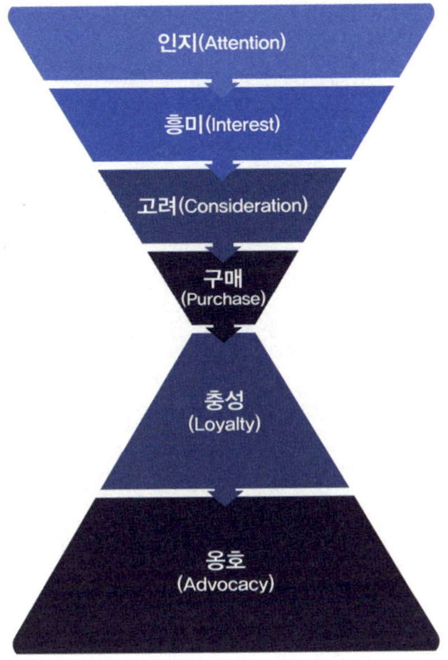

만족한 고객은 충성 고객이 되고, 나아가 브랜드를 주변에 알리는 팬이 된다. 신규 고객 유치 비용이 치솟는 시대, 기존 고객이 새로운 고객을 데려오는 선순환 구조가 중요해졌음을 시사한다.

마케팅 퍼널의 변화 과정은 명확하다. 기술이 발전할수록 소비자는 더 똑똑해졌고, 더 능동적으로 변했다. 그리고 지금, 우리는 또 한 번의 거대한 지각변동 앞에 서 있다. AI 시대의 도래다.

이 현상의 본질을 심리학적으로 들여다보면 더욱 명확해진다. 정교화 가능성 모델[15]에 따르면, 인간은 논리적으로 따져보는 중심

---

15 정교화 가능성 모델(ELM, Elaboration Likelihood Model): 1986년 사회심리학자 리처드 페티(Richard E. Petty)와 존 카시오포(John T. Cacioppo)가 정립한 설득 이론. 인간의 정보 처리 경

경로와 직관적으로 판단하는 주변 경로를 통해 구매를 결정한다. 그동안 마케터들은 고객이 중심 경로를 따라 꼼꼼히 비교하도록 단계별로 탄탄한 근거를 만들고 고객 리뷰를 쌓아왔다.

하지만 AI 시대의 소비자들은 이 피곤한 중심 경로의 판단을 AI에게 통째로 외주 주기 시작했다. 복잡한 비교와 논리적 검증은 AI에게 맡기고, 인간은 AI가 내놓은 정답을 보고 기분 좋게 결제 버튼만 누르는 극단적인 주변 경로의 시대로 진입한다. 이것이 우리가 AI의 입맛에 맞는 데이터를 제공하는 AEO에 사활을 걸어야 하는 이유다.

검색이 질문으로 바뀌고, 탐색이 추천으로 대체되는 시대. 기존의 선형적인 마케팅 퍼널 이론만으로는 설명할 수 없는, 오직 답변이 지배하는 새로운 고객의 여정이 시작되었다. 과연 이 낯선 여정 위에서, 당신의 브랜드는 고객의 질문에 어떤 정답이 되어 그들을 맞이해야 할까?

모델명	핵심 키워드	시대적 배경	소비자 행동의 본질
AIDA AIDMA	인지, 기억	4대 매체(TV, 신문)	주어진 정보를 수동적으로 수용하고 기억함
AIDCA	확신	경쟁 심화, 비교 광고	이성적인 근거를 통해 구매의 확신을 얻음
AISAS	검색, 공유	인터넷, SNS 보급	스스로 정보를 탐색(Search)하고 경험을 확산함
아워글라스	충성, 옹호	팬덤 마케팅, 재구매	구매 이후의 관계와 자발적인 홍보를 중시함
AI 검색(AEO)	질문, 답변, 맥락	생성형 AI, 초개인화	검색 노동을 멈추고 AI에게 최적의 답을 들음

로를 논리적 근거를 꼼꼼히 따지는 중심 경로(Central Route)와 이미지나 분위기 같은 직관적 단서에 의존하는 주변 경로(Peripheral Route)로 구분함.

행동의 변화 : 검색창에서 대화창으로

소비자를 괴롭히는 두 가지 방법이 있다. 하나는 선택권을 완전히 빼앗는 것이다. 소비자가 원하든 원하지 않든 주어진 상황을 무조건 받아들여야만 하는, 마치 감옥에 갇힌 죄수와 같은 상황을 만드는 것이다.

다른 하나는 정반대다. 무한한 선택권을 주는 것이다. 흔히 선택지가 많으면 자유롭고 좋을 것이라 착각하지만, 실상은 정반대다. 객관식 문제의 보기가 5개일 때는 주관식보다 쉽지만, 보기가 1,000개라면 차라리 주관식이 낫다. 1,000개의 보기를 모두 다 읽고 비교하는 과정에서 뇌의 인지 부하가 기하급수적으로 치솟기 때문이다.

소비자의 쇼핑 환경이 딱 그렇다. 네이버 쇼핑에 '청바지'를 검색하면 상품이 몇 개나 나올까? 강의 때마다 청중에게 묻곤 하는데, 정답 근처라도 맞춘 사람은 없었다. 대부분 '수만 개' 혹은 '수십만 개'를 추측하지만, 둘 다 아니다. 정답은 무려 1,000만 개가 넘는다.

가격 비교를 위한 중복 상품이 포함된 수치임을 감안하더라도, 이는 인간의 인지 능력을 아득히 넘어서는 숫자다. 이러한 무한한 선택권은 역설적으로 소비자에게 '선택권이 없다'는 것과 같은 의미다. 정보를 모두 파악하는 건 불가능할뿐더러, 내가 선택하지 않은 나머지 999만여 개 중에 더 나은 선택지가 있을지 모른다는 불안감만 키운다. 심리학에서는 이를 '선택 과부하[16]'라고 부른다.[15]

여기서 무서운 점은 선택 과부하가 발생했을 때 나타나는 소비자의 행동 변화다. 스위스의 대학원생을 대상으로 한 공동연구팀[16]에 따르면 선택지가 너무 많아질 경우 소비자는 선택 자체를 번거롭게 여겨 구매를 포기해 버리거나, 반대로 시스템이 제안하는 추천 상품에 비판 없이 의존하게 된다. 즉, 1,000만 개의 선택권은 역설적으로 나를 대신해 결정해 줄 누군가를 간절히 찾게 만든다.

챗GPT를 비롯한 생성형 AI가 등장하기 전까지, 소비자는 인터넷 검색 결과가 유일한 답안지라고 여겼고, 그보다 나은 명확한 대안을 상상하지 못했다. 10개 남짓의 파란색 링크를 하나하나 눌러 보고, 블로그와 카페 글을 비교 분석하는 과정을 합리적 소비를 위한 당연한 노동으로 받아들였다. 선택지가 너무 많아 피로해졌지

16　선택 과부하(Choice Overload): 선택지가 너무 많을 때 오히려 결정을 내리지 못하거나, 결정 후에도 만족도가 떨어지는 심리적 현상.

　　　CHAPTER 0 · 현상_판이 바뀌었다

만, 그 피로의 원인이 검색 방식 자체에 있다고까지는 생각하지 않았다. 더 나은 비교 방식이 존재하지 않았기에, 그 불편함은 문제로 인식되지 않았던 것이다.

하지만 생성형 AI와 대화를 시작하면서 상황은 반전되었다. AI는 방대한 데이터를 분석해 단 하나의, 혹은 최적화된 서너 개의 답변을 일목요연하게 정리해 보여준다. 사람이 일일이 링크를 클릭해 정보를 취합하고 비교하던 수고로움, 즉 '검색 비용[17]'이 0에 수렴하게 된 것이다.

이제 소비자는 AI의 요약 답변이 만족스러우면 굳이 원문 링크를 클릭하지 않는다. 검색창에 질문을 던지고 그 화면에서 즉시 답을 얻어 탐색을 마치는, 이른바 제로 클릭 검색[18] 현상이 가속화되고 있다. 이제 검색 결과 페이지는 다른 사이트로 이동하기 위해 잠시 머무는 경유지가 아니라, 그 자체로 정보를 소비하고 끝내는 종착지가 되었다.

실제로 글로벌 마케팅 조사 업체 스파크토로SparkToro의 2024년 조사에 따르면, 구글 검색의 약 60%가 링크 클릭 없이 검색 결과 화면에서 이미 종료된 것으로 나타났다. 이는 우리가 공들여 만든

---

17 검색 비용(Search Cost): 소비자가 원하는 제품이나 정보를 찾기 위해 들이는 시간, 노력, 금전적 비용의 총합.

18 제로 클릭 검색(Zero-Click Search): 사용자가 검색 결과 페이지(SERP, Search Engine Results Page) 혹은 AI의 요약 정보만 확인하고, 실제 웹사이트 링크는 클릭하지 않고 떠나는 현상.

웹사이트가 검색 결과에 노출되더라도, 소비자의 선택을 받지 못할 확률이 절반을 훨씬 넘어섰음을 시사한다.

과거에는 남들보다 검색을 잘하는 것, 소위 구글링 능력이 쇼핑의 고수를 가르는 기준이었다. 하지만 이제 아무리 검색을 잘하는 사람이라도 1초 만에 1,000만 개의 데이터를 분석해 요약해 주는 AI를 이길 수는 없다. 소비자는 이제 스스로 정보를 찾아 헤매는 검색자의 지위를 내려놓고, AI에게 정답을 묻는 질문자가 되기를 자처하고 있다.

음성 비서나 챗봇에게 질문을 던져도, 10개의 링크가 아니라 단 하나의 추천 답변만이 돌아온다. "이 제품이 당신에게 가장 적합합니다"라는 AI의 한마디는 과거의 복잡했던 비교 과정을 단숨에 생략해버린다.

다시 말해 인지(A)-흥미(I)-검색(S)-행동(A)-공유(S)로 이어지는 AISAS 모델의 허리가 끊어졌다. 소비자가 정보를 탐색하고 비교하던 검색(S) 단계가 통째로 사라지거나, AI와의 대화로 대체되고 있다. 10개의 보기 중 하나가 되기 위해 애쓰던 시대는 지났다. 이제는 AI가 내놓는 단 하나의 정답이 되어야만 소비자를 만날 수 있다. 이것이 지금 우리가 SEO를 넘어 AEO에 모든 것을 걸어야 하는 이유다.

선택의 변화:
AI의 선택이
소비자의 선택이 된다

소비자가 검색창을 떠난 이유가 단지 1,000만 개의 선택지가 주는 피로감 때문만은 아니다. 더 치명적인 이유는 따로 있다. 그들이 오랫동안 믿어왔던 검색창이, 어느 순간부터 믿을 수 없는 공간으로 변질되었기 때문이다.

2014년, 네이버 검색창에는 기이한 유행이 하나 있었다. 맛집을 찾을 때 단순히 '지역명 + 맛집'을 검색하는 것이 아니라, '지역명 + 오빠랑 + 맛집'이라는 키워드를 조합해서 검색하는 것이었다. 여기서 '오빠'는 연애 대상을 지칭하는 단어지만, 사람들이 찾고자 했던 것은 로맨스가 아니었다. 바로 광고 없는 진짜 리뷰였다.

당시 네이버 블로그 생태계는 마케팅 대행사를 통한 바이럴 마케팅[19]이 주류를 이루던 시기였다. 수많은 식당이 치열한 경쟁 속에서 인지도를 높이기 위해 공격적인 홍보를 전개했고, 그 과정에서 블로그에는 정형화된 호평을 담은 콘텐츠들이 대거 양산되었다. 검색 결과 최상단이 점차 상업적인 정보들로 채워지면서, 소비자는 신뢰할 수 있는 정보를 가려내는 데 더 많은 에너지를 써야만 했다.

이때 등장한 것이 '오빠랑' 키워드다. 데이트하며 직접 방문하고 남긴 솔직한 후기에는 주로 "오빠랑 다녀왔는데…"라는 표현이 쓰인다는 점에 착안한, 소비자들만의 대안적인 검색 방식이었다. 광고성 콘텐츠의 틈바구니에서 조금이라도 더 생생한 현장의 목소리를 찾고자 했던 이 흐름은, 역설적으로 당시 검색 환경에 대한 소비자들의 갈증이 얼마나 깊었는지를 보여준다.

그러나 이 꿀팁도 그리 오래가지 못했다. 기민한 마케팅 대행사들이 곧바로 '오빠랑' 키워드를 포함한 광고성 콘텐츠를 양산하기 시작했기 때문이다. 결국 소비자는 다시금 광고의 홍수 속에서 속지 않기 위해 의심의 눈초리로 정보를 걸러내야 했다. 이렇게 생산자와 소비자의 쫓고 쫓기는 싸움이 지속되었다.

이후 검색의 중심이 텍스트에서 영상으로, 네이버에서 유튜브로 넘어가면서 사람들은 새로운 희망을 품었다. 익명의 글보다는, 얼

---

19 바이럴 마케팅(Viral Marketing): 입소문이 바이러스(Virus)처럼 빠르게 퍼지도록 유도하는 마케팅 기법. 국내에서는 블로그나 카페 등에 후기 형식의 광고를 게시하는 형태를 지칭하기도 함.

굴과 목소리를 드러낸 유튜버의 추천을 더 신뢰할 수 있을 것이라 믿었기 때문이다. 하지만, 이 믿음 역시 2020년 뒷광고 논란으로 처참하게 무너졌다. 유명 인플루언서들이 "내 돈 주고 내가 샀다(내돈내산)"라며 제품을 강력하게 추천했지만, 알고 보니 거액의 광고비를 받고 홍보했다는 사실이 밝혀지며 소비자의 신뢰는 바닥으로 추락했다.

마케팅 퍼널에서 구매 직전의 단계는 곧 신뢰의 단계다. 제품을 인지하고 흥미를 느꼈더라도, 신뢰가 담보되지 않으면 지갑은 열리지 않는다. 그런데 '검색의 시대' 내내 쫓고 쫓기는 광고 전쟁 속에서 소비자의 신뢰는 끊임없이 배신당해왔다.

이러한 신뢰의 공백기 속에서 생성형 AI가 조용히, 그러나 확실하게 그 자리를 파고들었다. 물론 처음부터 환영받은 것은 아니었다. 초기 AI는 "세종대왕이 맥북을 던졌다"는 식의 터무니없는 거짓말, 즉 할루시네이션[20]을 쏟아내며 조롱거리가 되기도 했다. 하지만 기술은 무서운 속도로 진화했고, 사람들의 인식은 놀랍도록 빠르게 바뀌고 있다.

오픈AI, 듀크대학교Duke University, 하버드대학교Harvard University 연구진들이 2025년 9월 공동으로 발표한 논문은 이러한 변화를 데이터로 명확히 증명한다.[17] 연구진들이 2024년 7월부터 2025년 6월

20　할루시네이션(Hallucination): 외부의 실제 자극이 없음에도 실제처럼 인지하는 인간의 '환각' 개념에서 차용한 용어로, AI가 사실이 아닌 정보를 그럴듯하게 꾸며내어 답변하는 오류 현상

까지 챗GPT 사용자들의 대화 패턴을 분석한 결과, 사람들은 AI를 더 이상 단순한 '작업 도구'가 아닌 '지적인 조언자'로 인식하고 있었다.

가장 눈에 띄는 변화는 사용 의도의 역전이다. 사용자가 AI에게 무언가를 만들어달라고 요청하는 작업Doing의 비중은 34.6%로 감소했지만, 정보나 조언을 구하는 질문Asking의 비중은 51.6%까지 치솟았다. 이는 사용자들이 AI를 단순한 코딩이나 글쓰기 도구로 쓰는 단계를 지나, 자신의 의사결정을 지원해 줄 파트너로 신뢰하고 있음을 시사한다.

이러한 흐름은 비단 미국만의 이야기가 아니다. 국내 소셜 빅데이터 분석에 따르면 AI를 바라보는 사람들의 마음이 피부에 와 닿을 정도로 빠르고 크게 변화하고 있다. 《트렌드 리포트: Social Listening 2025년 4월호》[18]에 따르면, 2023년 1분기 대비 2025년 1분기의 챗GPT 연관어 지형도는 완전히 뒤바뀌었다. 과거 상위권을 차지했던 번역(-39.9%), 코딩(-36.5%), 자료(-14.4%) 등 기능적 도구로서의 키워드는 힘을 잃고 급락했다. 그 빈자리를 채운 것은 놀랍게도 '상담'과 '위로'의 영역이다.

'상담' 언급량은 2년 새 81.6%나 폭증했고, '스트레스(+65.2%)'가 그 뒤를 이었다. 심지어 2023년에는 없었던 '갈등', '성향', '연애', '인간관계', 심지어 '사주' 같은 지극히 개인적이고 감정적인 키워드들이 새로운 연관어로 대거 진입했다.

특히 디지털 네이티브인 Z세대[21]는 친구에게도 말하기 힘든 고민을 AI에게 털어놓기 시작했다. 밤늦은 시간, 인간은 나를 판단하거나 훈계할까 봐 두렵지만, AI는 편견 없이 무해하게 들어주기 때문이다. 이제 AI는 단순한 검색기를 넘어, 불완전한 인간을 위로하고 인생의 난제를 함께 고민하는 디지털 상담사의 지위까지 획득했다.

이 변화를 상징적으로 보여주는 사례가 있다. 저자 김용석이 진행하는 브랜딩 모임에서 한 헤어디자이너가 들려준 이야기다. 한 Z세대 고객이 자신이 원하는 헤어스타일을 AI의 추천을 그대로 보여주며 요청했는데, 진짜 반전은 머리를 다 마친 후에 일어났다. 디자이너가 머리는 마음에 드냐고 묻자, 그녀는 대답 대신 스마트폰을 들어 본인 사진을 찍었다. 그리고 나서 AI에게 무언가 물어보더니 그제야 만족스러운 표정으로 "괜찮다"고 답했다. 거울에 비친 자신의 모습보다 AI의 판단을 더 신뢰하고 있었던 것이다.

이러한 신뢰는 검색의 영역에서도 뚜렷하게 확인된다. 앞서 언급한 논문(오픈AI, 듀크대, 하버드대)에 따르면, 챗GPT는 이미 검색 엔진의 가장 강력한 대체재로 자리 잡았다. 사실관계를 확인하거나 정보를 찾는 정보 탐색 카테고리의 대화 비중은 1년 사이 14%

---

21 Z세대(Generation Z): 대략 1997년에서 2012년 사이에 태어난 디지털 네이티브 세대. 인위적인 광고보다 알고리즘의 데이터 기반 추천을 더 신뢰하며, AI를 의사결정의 파트너로 삼는 새로운 소비 주체.

에서 24%로 급증했다. 사용자들은 이제 네이버나 구글 검색창에서 광고를 솎아 내며 피로를 느끼는 대신 AI에게 직접 묻고 그 대답을 신뢰하는 방식을 택하고 있다.

사용자의 후속 반응을 분석한 결과 AI의 답변에 대해 좋음^{Good}으로 평가한 비율이 나쁨^{Bad}에 비해 4배 이상 높게 나타났다. 특히 무언가를 수행시키는 작업보다 질문했을 때의 만족도가 더 높았다는 점은 소비자가 AI가 제공하는 정보의 품질과 정확성을 상당히 신뢰하고 있음을 보여준다.

결국 소비자의 구매 여정에서 권위의 이동이 일어났다. TV 중심의 매스미디어 시대에는 유명 연예인이 광고하는 제품을 믿었고, 인터넷 검색 시대에는 파워블로거와 인플루언서의 추천을 믿었다. 하지만 이제 소비자는 방대한 데이터를 학습하고 개인에게 최적화된 답을 내놓는 AI의 알고리즘을 신뢰의 종착역으로 삼기 시작했다.

하지만 이처럼 소비자가 AI를 지적인 조언자로 신뢰하게 된 현상은 기회인 동시에 구조적으로 중요한 질문을 던진다. 우리가 지금까지 경험했던 알고리즘의 추천과 AI의 답변은 본질적으로 무엇이 다른가 하는 점이다. 우리는 이미 유튜브나 틱톡의 추천 알고리즘이 만드는 반향실 효과[22]를 알고 있다. 내가 좋아하는 콘텐츠만

---

22 반향실 효과(Echo Chamber Effect): 폐쇄된 공간에서 자신의 목소리가 메아리쳐 돌아오듯, 내 생각과 일치하는 정보만 반복해서 접하며 고정관념이 공고해지는 현상. 외부 의견은 차단되고 결국 자신의 목소리(생각)만 울리는 방에 갇히게 됨.

반복해서 보게 되어 고정관념이 공고해지고 다른 세계를 인지하지 못하게 되는 현상이다. 하지만 AI가 주도하는 세계에서는 이 폐쇄성이 훨씬 심화될 수 있다. 바로 메타 선택권[23]을 잃을 위험에 직면하기 때문이다.

기존의 아마존과 같은 사이트의 상품 추천은, 어디까지나 인간 설계자의 의도 범위 내에서 작동했다. 아키텍처 개념을 법철학적으로 분석한 오야 타케히로大屋雄裕 교수의 지적처럼, 과거의 추천 시스템에는 '처음 선택한 상품을 산다'는 결정과 '추천받은 상품을 살지 말지 결정한다'는 이중의 자기 결정권이 보장되는 구조였다. 즉 우리에게는 여전히 사지 않을 자유가 있었다.

하지만 AI라는 아키텍처는 일종의 자율성을 갖는다. 설계자마저 예측할 수 없는 방식으로 정보를 합성하고 단 하나의 정답을 도출해내기 때문에, 이 과정에서 예상치 못한 충돌이 일어난다. 알고리즘 안에서 기업의 이익과 사회적 가치라는 두 마음이 부딪히기도 하고, 때로는 부정적인 데이터 탓에 멀쩡한 상품이 검색 목록에서 아예 지워지는 가혹한 일도 벌어진다. 이처럼 소비자가 선택 환경 자체를 결정할 권리, 즉 메타 선택의 자주성을 지키지 못하면 우리의 취향은 AI에 의해 교묘하게 조작될 수 있다.[19]

---

23 메타 선택권(Meta-choice): 제시된 보기 중 하나를 고르는 것을 넘어, 선택을 내리는 기준이나 환경 자체를 스스로 결정하는 주도권. AI가 답을 독점하는 시대에 우리가 경계해야 할 상위 차원의 선택권을 의미.

결국 AI의 선택이 소비자의 선택이 되는 시대란, 소비자가 정보를 찾는 수고로움을 덜어내는 대가로 자신의 의사결정 환경을 설계할 권한을 AI에게 넘겨주는 시대이기도 하다. 앞서 언급한 Z세대 고객이 거울 속 자신의 모습보다 AI의 판단을 더 신뢰했던 것처럼 말이다. 질문자로서 우리가 AI의 답변을 신뢰할수록, 그 이면에 숨겨진 알고리즘의 편향성과 자율성을 경계해야 하는 이유도 여기에 있다.

우리는 광고의 홍수 속에서 피로를 느끼던 소비자가 AI라는 투명한 조언자(적어도 그렇게 믿어지는)를 만나 안식처를 찾는 과정을 목격하고 있다. AI가 "이것이 가장 좋습니다"라고 추천하는 순간, 그것은 곧 소비자의 선택이 된다. 바야흐로 AI의 선택이 소비자의 선택이 되는 시대가 도래했다.

전략의 변화:
검색 최상단에서 유일한 답변으로

2년 가까이 컨설팅을 진행해 온 브랜드가 있다. 이들은 무리하게 투자를 받아 몸집을 불리는 속도전 대신, 본질에 집중하며 다소 느리더라도 단단하게 성장하는 진지전을 택했다.

광고 비용을 최소화하는 대신 상품 본연의 가치와 고객 경험 개선에 투자를 아끼지 않았다. 브랜드가 직접 소리치기보다 소비자가 자발적으로 이야기하게 만드는 방식, 고객 참여[24] 전략을 택한 것이다.[20] 그 결과, 브랜드의 네이버 검색량과 판매량은 2년 내내 우상향 곡선을 그리고 있다.

---

24 고객 참여(Engage): 김용석의 『작은 기업을 위한 브랜딩 법칙 ZERO』에서 제안한 'ZERO' 법칙 중 E(Engage)에 해당하는 전략. 단순한 체험을 넘어 고객이 브랜드의 일부가 되는 순간을 경험하게 하여, '단골', '팬', '멤버'로서 제품 개발과 피드백 등 브랜드 활동에 직접 참여시키는 것을 의미.

대부분의 생산자는 소비자를 수동적인 대상으로 본다. 기획하고, 만들고, 판매하는 과정의 끝에서 단지 지갑만 여는 존재로 여기는 것이다. 하지만 이런 접근으로는 소비자의 진짜 생각을 읽을 수 없고, 브랜드에 대한 깊은 애착인 락인 효과[25]도 기대하기 힘들다.

이 차이가 극명하게 드러난 곳이 바로 '굿즈[26]' 시장이다. 대형 엔터테인먼트 회사의 아티스트 굿즈는 종종 팬들의 원성을 산다. 팬심을 볼모로 터무니없는 가격을 책정하거나, 조악한 제품을 내놓기 때문이다. 소비자를 수익 창출의 도구로만 바라본 결과, 팬들은 분노하고 이탈한다.

반면, 국립중앙박물관은 정반대의 접근으로 '뮷즈[27]' 열풍을 일으켰다. 이들은 관람객을 단순히 유물을 관람하는 손님이 아니라, 우리 문화를 함께 향유하고 재해석하는 파트너로 바라보았다. 내부 기획에만 갇혀 있지 않고 외부 창작자들과 협업하며 대중의 감각을 향해 문을 활짝 연 것이다. 그 결과 탄생한 것이 바로 화제의 반가사유상 미니어처다. 엄숙한 불교 유물에 파스텔톤 컬러와 트렌디한 감성을 입히고, 여기에 결정적으로 BTS의 RM이 소장했다는 사실이 알려지며 뮷즈는 걷잡을 수 없는 열풍의 주인공이 되었다.

---

25 락인(Lock-in) 효과: 소비자가 특정 제품이나 서비스를 이용하기 시작하면, 전환 비용이나 습관 때문에 다른 서비스로 옮겨가지 못하고 계속 이용하게 되는 현상.

26 굿즈(Goods): 특정 인물, 콘텐츠, 브랜드의 정체성을 담아 팬덤을 겨냥해 출시하는 기획 상품.

27 뮷즈(MU:DS): 뮤지엄(Museum)과 굿즈(Goods)의 합성어이자, '나에게 온 보물'이라는 의미를 담은 국립박물관 상품 브랜드

박물관 굿즈를 사기 위해 새벽부터 줄을 서는 오픈런이 이어지고
온라인몰 서버가 마비될 만큼, 뮷즈는 단순한 기념품을 넘어 하나
의 문화 현상이 되었다.

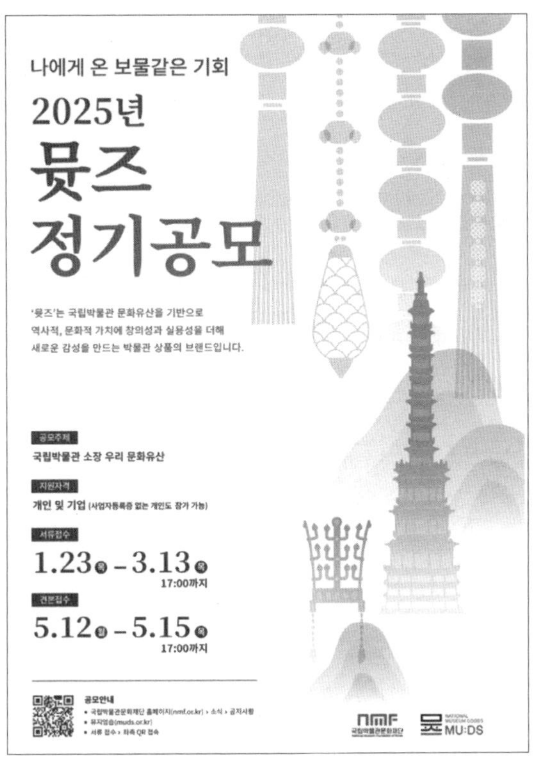

사진 출처: 국립박물관문화재단

뮷즈의 열풍은 SEO 시대의 관점에서도 흥미로운 현상이었다.
폭발적인 바이럴 덕분에 웹상에는 수많은 구매 인증과 후기 콘텐
츠가 쏟아졌고, 포털 사이트 검색 결과는 자연스럽게 뮷즈 이야기

로 도배되었다. 덕분에 국립중앙박물관은 큰 비용을 들이지 않고도 엄청난 노출 효과를 누릴 수 있었다.

하지만 AI 시대의 관점에서는 여기서 한 걸음 더 깊이 들어가야 한다. 단순히 검색 결과 페이지에 브랜드의 후기가 많이 노출되는 것, 즉 웹 문서의 양이 많다는 것만으로는 충분하지 않기 때문이다. 이제 소비자는 수십 개의 검색 결과를 일일이 읽지 않는다. 대신 챗GPT에게 이렇게 묻는다. "가장 센스 있는 한국 기념품 하나만 추천해 줘."

이 결정적인 순간에 AI가 그 수많은 데이터의 바닷속에서 뮷즈를 콕 집어내어 "반가사유상 미니어처가 가장 좋습니다"라고 단 하나의 정답으로 제시할 수 있어야 한다. 아무리 블로그에 칭찬 후기가 넘쳐나더라도, 그 데이터들이 AI가 신뢰하고 학습하기 좋은 구조로 정리되어 있지 않다면 AI의 최종 선택을 받을 수 없기 때문이다.

뮷즈 사례가 우리에게 시사하는 바는 바로 이것이다. 과거의 SEO는 키워드를 선점해 검색 결과 상단에 노출되는 것이 목표였다면, 이제는 그 폭발적인 노출 데이터를 넘어 AI가 당신의 브랜드를 신뢰할 수 있는 유일한 정답으로 인식하게 만드는 AEO의 영역으로 나아가야 한다는 것이다.

따라서 마케팅을 바라보는 관점도 달라져야 한다. 과거의 마케팅이 타겟팅이라는 명목 아래 소비자를 끊임없이 추적하는 일이었다면, AEO 시대의 마케팅은 소비자가 질문을 던지는 순간, 그 질문에 가장 정확하게 응답하는 구조를 만드는 일이다. 키워드를 무작정 때려 박는 기술적인 꼼수가 아니라, AI가 학습하기 좋은 논리적 구조와 신뢰도 높은 데이터를 제공하는 것. 그것이 바로 AEO의 핵심이다.

용어의 정의:
기술^{GEO}이 아니라
고객^{AEO}을 보자

SEO에서 AEO로의 전환은 단순한 기술적 대응이 아니다. 마케팅의 관점을 근본적으로 뜯어고치는 일이다. 본격적인 방법론에 들어가기에 앞서, 우리는 이 새로운 게임의 이름을 무엇이라 부를지 선택해야 한다. 현재 시장은 이 현상을 두고 GEO(생성 엔진 최적화)와 AEO라는 용어를 혼재해서 쓰고 있다.[21]

사실 업계에서는 이 두 용어를 엄격하게 구분하지 않는다. 'AI가 정보를 합성해 답변을 제공하는 현상'을 설명할 때 그저 입에 잘 붙는 단어를 골라 쓰는 표준 전쟁의 단계에 있기 때문이다. 하지만 우리는 이 미묘한 단어 차이 속에 숨겨진 관점의 차이를 읽어낼 필요가 있다.

여기서 잠시 언어학의 어원 오류[28]라는 개념을 빌려오자. 이는 단어의 현재 의미를 그 단어의 기원이나 파생 과정만으로 규정하려는 오류를 뜻한다. 교육학자 노르망 바야르종^{Normand Baillargeon}이 제시한 '교육^{Education}'의 사례가 이를 잘 보여준다. 교육을 잠재력을 '밖으로 끌어낸다^{educere}'는 라틴어 어원에만 집착할 경우, 지식과 영양분을 공급해 '길러낸다^{educare}'는 교육의 또 다른 본질을 놓치게 된다. 어원은 단어의 시작일 뿐, 그 단어가 현재 수행하는 기능과 가치를 온전히 대변하지 못하기 때문이다. [22)]

물론 생성형 모델은 이 모든 변화의 핵심이다. 하지만 실질적으로 AI 에이전트가 구동되는 방식은 모델 단 하나로 결정되지 않는다. 마치 화려한 연예인 한 명이 무대에 서기 위해 거대 기획사의 매니지먼트와 시스템이 뒷받침되어야 하듯, AI 답변 역시 모델을 둘러싼 수많은 기술적 장치(하네스[29], 스카폴딩[30] 등)가 유기적으로 움직인 결과다.

따라서 우리는 기술의 일부 공정에 집중하는 GEO 대신, 기술이 만들어내는 최종 결과물인 AEO라는 용어를 선택하고자 한다.

---

28 어원 오류(Etymological Fallacy): 단어의 현재 의미보다 역사적 기원에 집착하여 본질을 놓치는 오류. 마케팅에서는 기술의 작동 원리에 매몰되어 고객 가치를 보지 못하는 현상을 경계해야 함.

29 하네스(Harness): 본래 마차의 말에 채우는 마구나 등산용 안전벨트를 뜻함. AI 기술에서는 모델이 외부 시스템과 안전하게 연결되어 작동할 수 있도록 감싸는 인프라나 제어 장치를 의미하며, 모델이 정해진 규칙 안에서 이탈하지 않고 움직이도록 돕는 연결망이자 안전장치.

30 스카폴딩(Scaffolding): 건축 현장에서 높은 곳의 작업을 위해 임시로 설치하는 뼈대(비계)에서 유래한 용어. AI가 단순히 문장을 생성하는 수준을 넘어, 과거의 대화를 기억하거나 외부 도구를 사용하는 등 복잡한 추론과 행동을 수행할 수 있도록 지탱해 주는 논리적인 설계 구조를 의미함.

구분	GEO (Generative Engine Optimization)	AEO (Answer Engine Optimization)
관점	생산자(기술자) 중심	소비자(사용자) 중심
초점	AI가 콘텐츠를 어떻게 생성하는가?	고객이 원하는 정답은 무엇인가?
핵심 비유	무대 위의 연예인(AI 모델 그 자체)	공연을 완성하는 기획사와 시스템
본질	기술의 작동 원리(Origin)	질문에 대한 최적의 솔루션(Purpose)
평가	전체 공정의 일부에 집중함	소비자가 받는 최종 제품에 집중함

이 미묘한 차이를 더 깊이 이해하려면 먼저 제품, 상품, 작품의 경계를 들여다봐야 한다. 같은 물건이라도 시선이 어디를 향하느냐에 따라 그 정의가 완전히 달라지기 때문이다. 제품이 생산자의 손끝에서 만들어진 물건이라면, 상품은 소비자의 필요에 의해 선택된 결과물이며, 작품은 예술가의 고집으로부터 발생한 결과물이다. 즉 제품은 생산자 중심, 상품은 소비자 중심, 작품은 예술가 중심의 철학이 투영된 셈이다.

이 관점에서 보면, 기술의 작동 원리에 집중하는 GEO가 만들어내는 결과물은 제품에 가깝다. 반면 AEO는 그 결과물이 고객의 질문에 도달해 실제로 선택되고 사용되는가를 묻는다는 점에서 상품과 유사하다. 즉, 기술이 어떻게 작동하는지를 설명하는 기술 중심의 GEO가 아니라, 그 기술이 사람에게 어떤 답을 건네는지를 고민하는 사람 중심의 AEO를 선택한 이유가 바로 여기에 있다.

마케팅의 본질은 기술이 아니라 사람이다. 더 정확히 말하면 '고객 가치'다. 고객 가치를 탐구하고, 창출하고, 전달하는 일련의 과정이 마케팅이다. 고객은 "이 텍스트가 어떤 알고리즘으로 생성되었는가"에 큰 관심이 없다. "이것이 내 질문에 대한 정답인가"에 관심이 있다. 생성Generative은 시간이 흐르면 또 다른 기술로 대체될 수 있지만, 답변Answer은 소비자가 받는 최종 제품이기에 시간이 흘러도 변하지 않는 가치다.

우리는 엔지니어가 아니다. 고객의 선택을 받아야 하는 마케터이자 경영자다. 기술 지향적인 GEO가 아닌, 철저히 고객 지향적인 AEO의 길을 가려는 이유가 바로 여기에 있다. 기술은 변하지만, 답을 찾는 고객의 본능은 변하지 않기 때문이다.

SEO 시대에는 2등도, 3등도 클릭을 받았다. 검색 결과 1페이지 하단에만 걸려도 먹고사는 데 지장이 없었다. 하지만 AEO 시대에는 오직 1등, 즉 답변으로 채택된 브랜드만이 살아남는다. 답변이 되지 못한 나머지는 존재하지 않는 것과 같다.

이것은 단순한 경고가 아니다. 이미 시작된 승자독식의 현실이다. 지금 당신의 웹사이트를 보라. 매일 아침 습관처럼 확인하던 방문자 그래프에서 심상치 않은 정적을 느끼지는 못했는가? 어쩌면 당신의 브랜드는 이미, 아무도 찾지 않는 무인도가 되어가고 있는지도 모른다. 이제 그 가혹한 위기의 실체를 정면으로 마주할 차례다.

위기 | AEO의 시대

: 소비 권력이 AI 에이전트로 넘어갔다

유입의 종말:
당신의 웹사이트는 이제 무인도다

지난 20여 년간 디지털 마케팅의 성패를 가른 핵심 지표는 단연 '유입Traffic'이었다. 더 많은 방문자, 더 높은 페이지뷰, 더 긴 체류 시간. 마케터는 매일 아침 습관처럼 구글 애널리틱스[31]나 웹사이트 관리자 페이지를 열어 어제보다 얼마나 많은 사람이 당신의 웹사이트 문을 두드렸는지 확인했다.

SEO 전문가는 검색 결과 1페이지를 차지하기 위해 키워드를 분석하고, 백링크[32]를 심고, 콘텐츠를 최적화했다. 이 모든 처절한 노력의 목표는 단 하나, 소비자의 클릭을 얻어내는 것이었다. 그런데 지금, 이 소중한 클릭이 사라지고 있다. 거의 모든 영역에서 웹사

---

31 구글 애널리틱스(Google Analytics): 웹사이트 방문자의 유입 경로, 행동 패턴, 머무는 시간 등을 분석해주는 구글의 무료 데이터 분석 도구.

32 백링크(Backlinks): 다른 웹사이트에서 내 웹사이트로 연결되는 링크를 말하며, 구글이 사이트의 신뢰도를 평가하는 핵심 지표 중 하나.

이트로 향하던 발길이 뚝 끊기고 있다.

개발자들의 성지라 불렸던 스택오버플로우StackOverflow를 보자. 2022년 11월 챗GPT가 등장한 이후, 이 플랫폼의 질문 수는 76%나 급감했다. 2017년 전성기와 비교하면 1/4수준으로 쪼그라들었다. 20년 동안 전 세계 개발자들이 밤을 새우며 코드를 나누던 그 시끌벅적한 광장이, 불과 2년 만에 유령 도시가 되어버린 셈이다. 이유는 간단하다. 챗GPT에게 물어보면 코드가 바로 나오기 때문이다. 굳이 질문을 올리고 누군가의 답변을 하염없이 기다릴 필요가 없어진 것이다.[23]

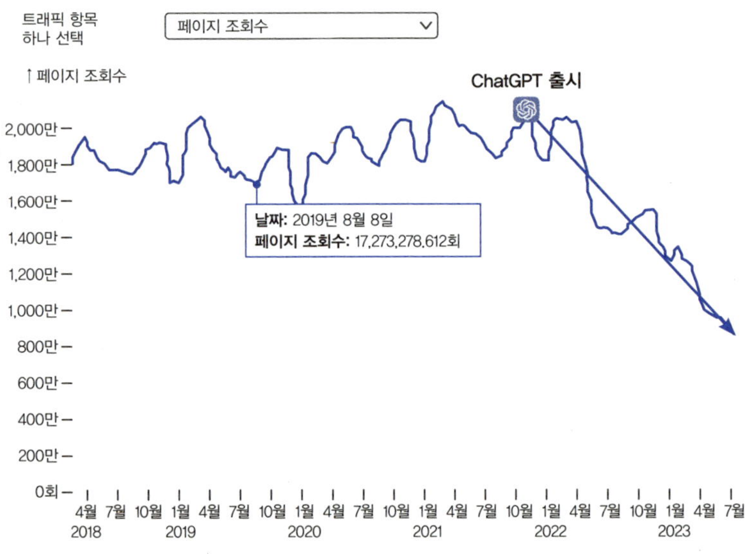

그래프 출처: 레딧

　　　　CHAPTER 1 · 위기_AEO의 시대

교육 플랫폼 체그^{Chegg}의 몰락은 더욱더 충격적이다. 2023년 5월, 당시 체그의 CEO 댄 로젠스위그^{Dan Rosensweig}는 실적 발표에서 "3월부터 학생들의 챗GPT 관심이 급증했고, 이것이 우리의 신규 고객 성장에 타격을 주고 있다"고 뼈아픈 고백을 했다. 이 한마디에 주가는 하루 만에 48% 폭락했고, 하룻밤 사이 시가총액 10억 달러(한화 약 1조 3,300억 원)가 허공으로 사라졌다. 2021년 140억 달러(약 1,603조 원)에 달했던 기업 가치는 2024년 말 기준 1억 9,000만 달러(약 2,809억 원)로, 사실상 99%가 증발했다. 50만 명 이상의 유료 구독자가 등을 돌린 것은 놀라운 일이 아니다. 무료로 즉시, 나에게 딱 맞는 답을 알려주는 AI 선생님이 있는데 학생들이 월 20달러를 내고 숙제의 답을 찾을 이유는 없기 때문이다.[24]

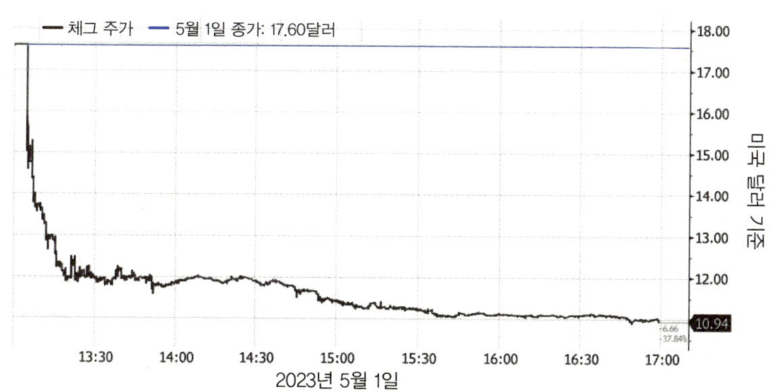

그래프 출처: 블룸버그

미디어 업계도 예외가 아니다. 시밀러웹^{Similarweb}의 2025년 분석 자료에 따르면, CNN의 웹사이트 트래픽은 전년 대비 약 30% 감소했고, 비즈니스 인사이더^{Business Insider}와 허프포스트^{HuffPost}는 40% 가까이 급감했다. 2024년 5월 구글이 AI 오버뷰[33]를 도입한 이후, 뉴스 검색에서 아무 링크도 클릭하지 않는 '제로 클릭' 비율이 56%에서 69%로 치솟았다. 사람들은 검색 결과 페이지 상단의 AI 요약만 읽고 떠난다. [25)]

AI 답변 엔진의 등장으로 사용자들은 더 이상 검색 결과를 클릭하지 않는다. 챗GPT에게 "서울 강남역 근처 맛있는 초밥집 추천해줘"라고 물으면, AI는 곧바로 구체적인 식당 이름과 특징, 가격대, 예약 방법까지 알려준다. 사용자는 굳이 여러 블로그를 돌아다니며 정보를 취합할 필요가 없다. 과거에는 '강남 초밥 맛집'을 검색하고, 네이버 블로그 리뷰 다섯 개쯤 훑어보고, 인스타그램에서 사진을 확인하고, 캐치테이블에서 예약 가능 여부를 체크했다. 이 과정에서 각 웹사이트는 방문자를 얻었다. 하지만 이제 AI가 이 모든 과정을 단 한 번의 대화로 압축해버린다. 방문자는 그렇게 단번에 사라진다.

그리고 이 변화는 이제 막 시작되었을 뿐이다. 글로벌 리서치·컨설팅 회사인 가트너^{Gartner}는 2026년까지 기존 검색 엔진의 트래

---

33 AI 오버뷰(AI Overviews): 구글 검색 결과 최상단에 생성형 AI가 검색어에 대한 답변을 요약해서 보여주는 기능(구 SGE: Search Generative Experience).

여기 서울 강남역 주변에서 인기 있고 맛있는 **초밥집**을 종류별로 추천해줄게요 🍣 — 캐주얼부터 오마카세까지 다양하게 골라봤어요! Tripadvisor +1

🍣 **캐주얼/가성비 좋은 초밥**

- **Gatten Sushi Gangnam** – 강남역 근처 유명 회전초밥. 신선하고 가격 대비 만족도 높아 현지인, 여행객 모두 인기예요. VISITKOREA - Im…
- **상무초밥 강남역점** – 꽤 많은 리뷰가 있는 가성비 초밥집. 부담 없이 즐기기 좋아요.
- **우리동네 스시신조 강남점** – 비교적 저렴한 가격에 스시와 회를 맛볼 수 있는 곳.
- **스시산원 반주헌** – 평점 높은 로컬 초밥집으로 깔끔한 스시를 즐길 수 있어요.
- **Sushi Ki** – 평점 좋은 스시집, 점심·저녁 식사 모두 추천.
- **Sushi Maiu Gangnam CGV** – CGV 근처 회전초밥. 리뷰는 약하지만 가볍게 들를 만해요.

🍣 **오마카세 & 정통 스시 (조금 더 특별한 날에)**

- **오마카세 오사이초밥 강남역점** – 합리적 가격대 오마카세로 입문용으로 좋아요. Catchtable
- **도키메이테** – 리뷰 평가 매우 좋고 조금 더 정성 들인 스시 경험을 원할 때 추천.
- **Sushi Kaisin** – 고급 스시 코스로도 유명한 곳.
- **Sushi Namiki** – 깔끔하고 고급진 스시를 즐기기 좋은 레스토랑.

🍣 **별미 & 분위기 좋은 곳**

- **Sushi Sora Daechi** – 강남·삼성 사이에서 인기 많은 스시집으로 평점도 좋아요.
- **Izakaya Namu CGV Seoul** – 스시 외 이자카야 스타일 안주와 함께 즐기기 좋아요.
- **스시이안앤강남역점** – 가볍게 초밥·일식 즐기기 좋은 소규모 가게.

사진 출처: 챗GPT

픽이 25% 감소할 것으로 예측했다.[26] 스택오버플로우, 체그 등 수많은 미디어 사이트의 사례는 다가올 위험을 미리 알리는 '탄광 속 카나리아[34]'다.

이제 당신의 웹사이트는 무인도가 되어가고 있다. 아무리 아름답게 꾸며놓아도, 아무리 좋은 콘텐츠를 준비해 놓아도, 배가 오지 않으면 소용없다. 과거에는 구글이라는 거대한 항구에서 수많은

---

34 탄광 속 카나리아(Canary in a coal mine): 유독가스에 민감한 카나리아를 탄광에 데려가 위험을 미리 감지했던 관습에서 유래. 오늘날에는 다가올 거대한 위기나 변화를 암시하는 조기 경보 신호를 의미함.

배들이 출발해 당신의 섬으로 사람들을 실어 날랐다. 사람들은 정보를 얻기 위해 기꺼이 배를 타고 당신의 섬에 '상륙Click'했다.

하지만 이제 사람들은 배에 타지 않는다. AI라는 헬리콥터가 직접 목적지까지 데려다주기 때문이다. 그리고 그 헬리콥터는 굳이 당신의 섬에 착륙하지 않는다. 착륙이라는 번거로운 과정 없이, 상공에서 밧줄을 내려 필요한 정보만 쏙 뽑아 올려 배송해버린다. 방문객은 오지 않고 물자만 빠져나가는 섬. 여기서 중요한 질문이 생긴다. 도대체 AI는 어디서 그 정보를 가져오는가?

답은 여전히 웹이다. AI는 허공에서 정보를 만들어내지 않는다. 웹에 존재하는 콘텐츠를 학습하고, 실시간으로 검색하고, 그것을 바탕으로 답변을 생성한다. 역설적으로 사람들은 웹사이트를 방문하지 않지만, AI는 웹사이트의 정보를 끊임없이 참조한다. 트래픽은 사라졌지만, 콘텐츠의 중요성은 오히려 더 커졌다.

문제는 여기에 있다. 과거에는 사용자가 당신의 웹사이트에 직접 방문했기 때문에, 당신이 원하는 메시지를 당신이 원하는 방식으로 전달할 수 있었다. 랜딩 페이지[35]의 디자인, 카피라이팅, CTA[36] 버튼의 위치까지 모든 것을 통제할 수 있었다. 하지만 이제는 다르다. AI가 당신의 콘텐츠를 읽고, 해석하고, 재가공해서 사

---

35 랜딩 페이지(Landing Page): 검색이나 광고 등을 클릭했을 때 사용자가 최초로 도착하게 되는 웹사이트의 특정 페이지.

36 CTA(Call To Action): 행동 유도를 뜻하며, 구매하기나 구독하기처럼 사용자의 즉각적인 반응이나 행동을 이끌어내는 버튼이나 문구.

용자에게 전달한다. 당신은 AI에게 정보를 제공하는 역할로 바뀌었다.

이것이 바로 트래픽에서 답변으로 패러다임이 전환되는 지점이다. 더 이상 "얼마나 많은 사람이 당신의 사이트에 왔는지"가 아니라, "AI가 당신을 얼마나 자주 언급하는가"가 새로운 성과 지표가 된다. 웹사이트 방문자 수 대신 AI 답변에서의 브랜드 언급 빈도, 페이지뷰 대신 AI가 인용하는 정보의 정확도와 깊이가 더 중요해진다.

여기에 더해, 답변의 개인화라는 완전히 새로운 차원이 열렸다. 기존 검색 엔진은 본질적으로 매스미디어[37]였다. '러닝화 추천'을 검색하면 누구에게나 거의 동일한 결과가 나왔다. 물론 지역이나 검색 기록에 따라 약간의 차이는 있었지만, 기본적으로 다수의 취향에 맞춘 평균적인 결과였다. 구글에서의 1등은 모든 사람에게 1등이었다.

하지만 AI 답변 엔진은 다르다. AI는 사용자와의 대화를 기억한다. 지난주에 "무릎이 좀 안 좋아"라고 말했던 사용자가 "오늘 러닝화 좀 추천해 줘"라고 물으면, AI는 그 맥락을 반영한다. "체중이 90㎏인데 운동을 시작하려고 해"라고 했던 사람에게는 쿠션감이 뛰어난 제품을, "마라톤 서브3 달성이 목표야"라고 했던 사람에

게는 가벼운 레이싱화를 추천한다. 같은 질문이지만 완전히 다른 답변이 생성된다.

이것은 마케팅 게임의 룰 자체를 바꾼다. SEO 시대에는 '러닝화 추천' 키워드에서 1등을 차지하면 모든 검색자에게 노출되었다. 하지만 AEO 시대에는 '누가', '어떤 맥락'에서 물어보느냐에 따라 1등이 달라진다. 무릎 보호가 필요한 사람에게는 호카, 속도를 원하는 사람에게는 나이키 베이퍼플라이, 예산이 제한적인 사람에게는 아식스 젤 엑시트가 각각 1등이 된다. 모든 사람에게 1등일 필요가 없어졌다. 대신, 특정 맥락의 니즈를 가진 사람에게 완벽한 답이 되어야 한다.

무인도가 된 웹사이트를 한탄하며 주저앉아 있을 시간은 없다. 지금 당신에게 필요한 것은 무인도에 표류한 사람처럼 사력을 다해 불을 피우는 일이다. AI라는 구조대가 하늘에서 내려다볼 때, 단번에 눈에 띌 수 있는 강력한 신호를 만드는 것이 당신의 유일한 생존 전략이기 때문이다.

더 명확하고, 더 신뢰할 수 있으며, 더 일관된 정보를 제공하여 AI가 수많은 브랜드 중에서 기어이 당신의 브랜드를 선택하게 만드는 것. 인공지능이 당신을 발견할 수 있도록 불꽃을 지피는 것, 이것이 바로 AEO의 진정한 출발점이다.

사람이 아닌
AI가 지갑을 연다:
커머스 에이전트[38, 39]

방문자가 사라진 웹사이트를 바라보며 한숨만 쉬고 있을 때, 전혀 예상치 못한 곳에서 새로운 구매자가 나타났다. 사람이 아니다. AI 에이전트다. 작곡과 코딩 영역에서 활약하던 AI 에이전트가 이제 전자상거래의 판을 흔들고 있다. 인간 대신 쇼핑을 수행해주는 커머스 에이전트의 등장이다.

2025년 4월, 아마존은 '바이 포 미Buy for Me'라는 혁신적인 기능을 출시했다. 사용자가 아마존 앱에서 상품을 검색했을 때 아마존에서 판매하지 않는 제품이라면, 아마존의 커머스 에이전트가 외부

브랜드 웹사이트로 건너가 구매를 대신 완료해준다. 사용자는 아마존 앱을 떠날 필요가 없다. 배송 주소 입력, 결제 정보 확인, 주문 완료까지 모든 번거로운 과정을 AI가 알아서 처리한다. 출시 당시 6만 5,000개였던 지원 상품 수는 불과 몇 달 만에 50만 개 이상으로 치솟았다.[27]

아마존만이 아니다. 오픈AI는 스트라이프와 손잡고 챗GPT에 대화 중 즉시 결제가 가능한 '인스턴트 체크아웃[40]' 기능을 도입했다. 퍼플렉시티는 페이팔과 협력해 검색 결과에서 곧바로 구매로 이어지는 인스턴트 바이Instant Buy를 선보였다. 구글 역시 AI 모드에서 가격을 추적하다가 목표가에 도달하면 자동으로 구매를 실행하는 에이전틱 체크아웃Agentic Checkout을 테스트 중이다. 비자와 마스터카드 또한 커머스 에이전트 전용 결제 토큰[41]과 인프라 구축에 뛰어들었다.

이러한 변화는 마케팅에서 근본적인 질문인 "고객은 누구인가?"에 대한 정의를 송두리째 바꾼다. 본래 마케팅에서 고객은 크게 둘로 나눌 수 있다. 비용을 지불하는 구매자Customer와 상품을 실제로 사용하는 사용자Consumer다.

---

40 인스턴트 체크아웃(Instant Checkout): 복잡한 결제 페이지 이동이나 정보 입력 절차 없이, 대화창이나 검색 결과 화면에서 즉시 결제를 완료하는 기능.

41 결제 토큰(Payment Token): 신용카드 번호 같은 민감한 정보를 무작위 숫자인 '토큰'으로 대체하여 보안을 강화하는 기술. AI 에이전트가 사용자의 실제 카드 정보를 직접 노출하지 않고도 안전하게 결제를 수행할 수 있게 돕는 핵심 보안 장치.

출근길 카페에 들러 커피 한 잔을 직접 사 마시는 사람이라면 구매자와 사용자가 같다. 하지만 우리가 구매하는 제품 중에는 사는 사람과 쓰는 사람이 다른 경우가 많다. 유아용품의 구매자는 양육자이지만 사용자는 아이이며, 50대 이상의 남성복은 배우자인 여성이 구매하는 경우가 꽤 많다. 자녀가 사고 부모님이 소비하는 홍삼이나, 생일을 축하해주는 사람이 구매하고 생일 당사자가 사용하는 핸드크림 등은 구매자와 사용자가 다른 대표적인 사례다. 여기에 AI 에이전트가 들어오면서 이제 고객은 세 주체로 나뉘게 된다.

- **AI 에이전트(AI Agent):** 데이터를 기반으로 최적의 상품을 탐색하고 결정하는 주체. 인간으로부터 권한을 위임받은 경우, 결제와 구매라는 구매자의 역할까지 통합하여 수행
- **구매자(Customer):** AI의 제안을 승인하고 비용을 지불하는 주체
- **사용자(Consumer):** 전달된 상품이나 서비스를 최종적으로 누리는 주체

여기서 마케터가 주목해야 할 핵심은 구매 결정의 권력이 구매자에서 AI 에이전트로 이동하고 있다는 사실이다. 과거에는 상품을 결제하는 구매자의 마음을 사기 위해 감성적인 카피와 화려한 이미지를 동원했다. 하지만 이제는 결정을 내리는 실질적인 주체인 AI 에이전트를 먼저 설득해야 한다.

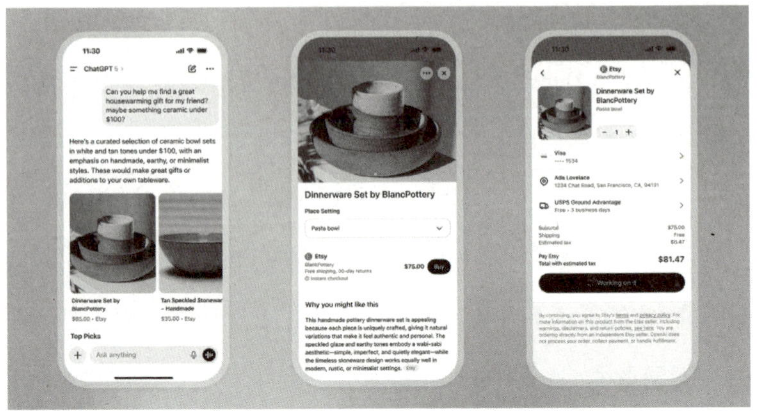

사진 출처: 오픈AI

이것은 구매 경험의 새로운 시대를 예고한다. 커머스 에이전트는 단순히 상품을 추천하는 수준을 넘어 검색하고, 비교하고, 협상하고, 결제까지 자율적으로 수행한다. 과거에는 사람이 웹사이트를 방문해 상품을 둘러보고 가격을 비교한 끝에 구매하기 버튼을 눌렀기에, 브랜드는 매력적인 이미지와 긴박감을 주는 마케팅 장치로 소비자의 마음을 흔드는 데 주력했다.

하지만 커머스 에이전트는 예쁜 이미지에 끌리지 않는다. 감성적인 카피에 설득되지 않으며, "오늘만 50% 할인!"이라는 배너에 현혹되어 충동구매를 하지도 않는다. 커머스 에이전트는 오직 데이터로 판단한다. 사용자와의 대화 이력, 구매 내역, 구조화된 상품 스펙, 가격, 재고 현황, 배송 조건, 반품 정책. 이 모든 변수를 밀리초^{ms} 단위로 분석해 수학적으로 최적의 선택을 내린다.

CHAPTER 1 • 위기_AEO의 시대

보스턴컨설팅그룹^{BCG}에 따르면, 2025년 말까지 소비자 절반 이상이 쇼핑에 AI 어시스턴트를 활용할 것이라고 한다.[28] 어도비 ^{Adobe}는 2025년 7월 기준, 미국 리테일 사이트로 유입되는 생성형 AI 브라우저 및 채팅 서비스 트래픽이 전년 대비 4,700%나 폭증했다고 발표했다. 흥미로운 점은 이 경로로 들어온 사용자들이 일반 방문자보다 사이트에 32% 더 오래 머물고, 10% 더 많은 페이지를 탐색하며, 이탈률은 27%나 낮다는 것이다.[29]

아이러니하게도, 트래픽이 말라가는 시대에 새로운 방문자가 등장한 것이다. 다만 이 방문자는 사람이 아니라 AI다. 그리고 이 AI 방문자는 사람보다 까다롭고 합리적이며, 압도적으로 빠르게 결정을 내린다. 이 변화가 브랜드에게 던지는 메시지는 명확하다. 이제 브랜드는 두 종류의 필터를 동시에 통과해야 한다. 여전히 감성과 스토리에 반응하는 인간의 마음, 그리고 데이터와 구조화된 정보로만 판단하는 AI의 알고리즘이다. 우리는 이 서로 다른 두 세계를 모두 만족시켜야 한다.

문제는 지금까지 대부분의 브랜드가 오직 인간 고객만을 위해 웹사이트를 설계해왔다는 점이다. 아름다운 비주얼, 감동적인 브랜드 스토리, 직관적인 UX. 이것들은 여전히 중요하다. 하지만 커머스 에이전트는 이 모든 시각적 요소를 건너뛰고 HTML 소스코

---

42 HTML 소스코드: 웹페이지의 구조와 내용을 정의하는 컴퓨터 언어로, AI는 화면에 보이는 디자인이 아닌 이 코드를 직접 읽어 정보를 파악함.

드[42]와 API[43]를 읽는다. 구조화된 데이터[44]가 준비되어 있지 않다면, 커머스 에이전트에게 당신의 브랜드는 존재하지 않는 것과 같다. 맥킨지앤컴퍼니McKinsey & Company는 이렇게 경고한다. "에이전트 세계에서 당신의 고객은 더 이상 브라우저를 든 사람이 아닐 수 있다. 그 고객을 대신해 행동하는 자율 에이전트일 가능성이 높다."[30]

이 변화의 속도를 가속화하는 것은 결제 인프라의 진화다. 2025년 9월, 스트라이프와 오픈AI는 'ACP(에이전틱 커머스 프로토콜)'[45]를 공식 발표했다. 지난 15년간 인간 구매자를 위한 결제 시스템을 깎고 다듬어온 스트라이프가, 이제 커머스 에이전트를 위한 전용 고속도로를 깔기 시작한 것이다.

ACP가 필요한 이유는 분명하다. 기존의 이커머스는 철저히 인간의 행동 양식에 맞춰져 있었다. 웹사이트 방문, 상품 탐색, 장바구니 담기, 결제 정보 입력으로 이어지는 모든 과정이 시각적 인터페이스와 인간의 클릭을 전제로 한다. 하지만 커머스 에이전트에게 이런 절차는 불필요한 장애물일 뿐이다. 에이전트가 원하는 것은 판매자의 시스템과 구조화되고 안전한 방식으로 대화할 수 있는 약속, 즉 프로토콜이다.

---

43 API(Application Programming Interface): 서로 다른 소프트웨어 프로그램이 정보를 주고받을 수 있게 하는 연결 통로로, 여기서는 AI 에이전트와 쇼핑몰 시스템 간의 데이터 교환 방식을 의미

44 구조화된 데이터(Structured Data): 검색 엔진이나 AI가 웹페이지의 내용을 명확히 이해할 수 있도록, 상품명·가격·재고 등의 정보를 표준화된 형식(규칙)으로 정리한 데이터.

45 ACP(Agentic Commerce Protocol): AI 에이전트와 판매자 시스템이 안전하고 표준화된 방식으로 소통하고 결제까지 처리할 수 있도록 스트라이프와 오픈AI가 제안한 통신 규약.

ACP의 핵심은 세 가지다. 첫째, 커머스 에이전트가 제품 정보를 정확히 읽을 수 있는 '구조화된 데이터 표준'. 둘째, 에이전트와 판매자가 체크아웃 과정에서 정보를 교환하는 'API 표준'. 셋째, 에이전트가 사용자를 대신해 안전하게 결제할 수 있는 '공유 결제 토큰'[46] 시스템이다. 이 토큰은 특정 금액, 특정 판매자, 특정 시간으로 사용이 제한되어 있어, 에이전트에게 신용카드 번호를 통째로 넘기지 않고도 안전한 대리 결제가 가능하다.

시장 반응은 뜨겁다. 출시한 뒤 2주 만에 엣시^{Etsy}, 쇼피파이^{Shopify}, 월마트^{Walmart}, 샘스클럽^{Sam's Club}이 참여를 선언했다. 주당 8억 명 이상 사용하는 챗GPT라는 거대한 채널에 동참하고 싶었기 때문이다. 스트라이프의 결제 책임자 케빈 밀러^{Kevin Miller}는 이렇게 말했다. "우리는 지난 15년 동안 인간 구매자를 위해 커머스를 최적화해왔다. 이제 우리는 에이전트를 위해 똑같은 일을 다시 시작하고 있다."[31] 전 세계 GDP의 1.3%에 달하는 1조 4,000억 달러(약 2,070조 원)의 결제를 처리하는 스트라이프가 움직였다는 것은, 에이전트 커머스가 먼 미래의 공상이 아니라 지금 당장 눈앞에 닥친 현실임을 의미한다.

기술적 인프라는 완성되었다. 그러나 기술이 앞서간다고 해서 소비자의 심리적 장벽이 곧바로 무너지는 것은 아니다. 우리는 지

---

46 공유 결제 토큰(Shared Payment Token): 신용카드 정보를 직접 노출하지 않고, 사용 범위(금액, 판매자, 시간)가 제한된 가상의 결제 권한을 생성하여 AI에게 위임하는 보안 기술.

금 AI라는 비서에게 탐색은 전적으로 맡기되, 마지막 결제 버튼만큼은 여전히 내 손으로 누르고 싶어 하는 묘한 과도기에 서 있다.

편리함은 누리고 싶지만, 혹시 모를 실수를 두려워하는 인간의 본능. 이 본능이 쇼핑의 여정을 어떤 방식으로 기묘하게 분절시키고 있는지, 왜 발견은 AI가 하고 결제는 인간이 하는지 그 심리적 배경을 들여다봐야 한다.

쇼핑의 분절:
발견은 AI가,
결제는 인간이

과거의 쇼핑은 하나의 매끄러운 직선이었다. 백화점에 가서 상품을 만져보고, 점원의 설명을 듣고, 그 자리에서 카드를 긁었다. 온라인에서도 마찬가지였다. 쇼핑몰에 접속해 카테고리를 탐색하고, 상세 페이지를 읽고, 리뷰를 확인한 뒤 결제했다. 공간이 어디든 발견과 구매는 늘 한 공간에서 일어나는 단일한 사건이었다.

하지만 이제 그 견고했던 연속성이 끊어지고 있다. 쇼핑의 여정이 두 개의 완전히 다른 시공간으로 쪼개지고 있는 것이다.

IAB와 리서치 기업 토크샵Talk Shoppe이 발표한 공동 연구는 이 '분절Decoupling' 현상을 데이터로 명확히 증명한다. 연구에 따르면, AI는 이제 소비자의 구매 결정 과정에서 검색 엔진 다음으로 가장 영향력 있는 정보원이 되었다. 하지만 진짜 흥미로운 지점은 그다음이다. 커머스 에이전트가 완벽한 추천을 해주더라도, AI를 통해 상품을 발견한 소비자의 95%는 곧바로 구매하지 않고, 반드시 추가적인 검증 단계를 거친다는 사실이다.

아마존이나 스트라이프가 '인스턴트 체크아웃' 기능을 내놓았음에도 불구하고, 여전히 많은 소비자는 AI가 추천해준 상품을 맹목적으로 믿지 않는다. 다시 가격을 확인하고, 리뷰를 교차 검증하고, 다른 옵션을 비교한 후에야 비로소 결제 버튼을 누른다.

더 놀라운 것은 이 검증 과정의 심화Deepening다. AI 사용 전, 소비자가 구매 결정에 이르기까지 거치는 단계는 평균 1.6개에 불과했다. 하지만 AI 사용 후에는 그 과정이 3.8개로 2배 이상 늘어났다. 우리는 흔히 AI가 쇼핑을 단순하고 빠르게 만들 것이라 착각한다. 하지만 데이터가 말해주는 진실은 정반대다. AI는 쇼핑을 단순화한 것이 아니라, 오히려 새로운 체크 포인트를 추가하며 여정을 확장시켰다.

결국 지금 단계에서 AI는 쇼핑의 종착점이 아니다. 소비자를 더 넓은 탐색의 세계로 안내하는 가장 강력한 '출발점Starting Point'이 된 것이다.

이 현상을 제대로 이해하려면 소비자의 심리를 들여다봐야 한다. 소비자의 83%는 AI가 쇼핑 과정을 더 명확하게 정리해준다고 말한다. 77%는 AI 덕분에 의사결정에 자신감이 생겼다고 답한다. 그러면서도 95%가 AI의 추천을 재검증한다. 이 모순은 무엇을 의

미하는가?

AI는 탐색 피로[47], 즉 수많은 검색 결과와 광고성 정보 속에서 원하는 답을 찾지 못해 사용자가 느끼는 피로감과 스트레스를 해결해 준다. 예컨대 수백 개의 러닝화 중 내 무릎 상태에 맞는 제품이 무엇인지, 20만 원 이하의 예산에서 최선의 선택은 무엇인지 AI는 복잡한 정보를 정리해 3~5개의 핵심 후보로 좁혀준다. 그러나 최종 결정, 다시 말해 내 돈을 쓰는 행위에 대한 책임은 여전히 인간의 몫으로 남겨둔다.

프로파운드 Profound 의 '2025 AI 소비자 여정 연구[33]'는 이 분리 현상을 더 명확히 보여준다. 소비자의 58%가 상품 리서치에 챗GPT

---

47 탐색 피로(Search Fatigue): 수많은 검색 결과와 광고성 정보 사이에서 원하는 답을 찾지 못해 사용자가 느끼는 피로감과 스트레스.

나 퍼플렉시티 같은 답변 엔진을 사용한다. 이 중 79.7%는 구매 결정의 절반 이상을 답변 엔진 안에서 내린다. 하지만 실제 구매는? 78.2%가 답변 엔진을 떠나 아마존, 브랜드 공식 몰, 오프라인 매장 같은 전통적인 커머스 채널에서 완료한다.

패턴은 명확하다. "AI에서 결정하고, 다른 곳에서 산다." 발견은 AI의 영토가 되었고, 결제는 여전히 전통적인 웹사이트의 영토로 남아 있다.

이 분절이 브랜드에게 던지는 질문은 날카롭다. 당신의 브랜드는 어디에 존재하고 있는가? AI가 상품을 추천하는 발견의 순간에 있는가, 아니면 소비자가 결제하는 구매의 순간에만 머물러 있는가?

만약 후자라면, 당신은 이미 게임에서 지고 있다. 소비자가 AI에게 "해외 출장을 자주 가는 사람을 위한 캐리어를 추천해줘"라고 물었을 때, AI의 답변에 당신의 브랜드가 없다면 그 소비자는 당신의 웹사이트에 영원히 도착하지 않는다. 아무리 화려한 랜딩 페이지를 만들고, 파격적인 프로모션을 걸어도, 발견되지 않으면 구매는 없다.

IAB의 연구 결과는 이를 뒷받침한다. AI를 사용한 소비자의 78%가 이후 리테일러[48]나 마켓플레이스 웹사이트를 방문한다. AI 사용 전(20%)과 비교하면 거의 4배에 달하는 증가다.

---

48 리테일러(Retailer): 백화점, 대형마트, 브랜드 공식 몰 등 최종 소비자에게 상품을 직접 판매하는 소매 유통 업체.

여기서 놓치지 말아야 할 점이 있다. 이 트래픽 증가는 모든 브랜드에게 공평하게 일어나지 않는다. 오직 AI의 답변에 포함된 브랜드에게만 일어난다. 앞서 언급한 무인도가 된 웹사이트들은 AI의 답변에서 배제된 곳들이다. 반면 커머스 에이전트의 선택을 받은 브랜드들은 구매 의향이 훨씬 높은 '진성 방문자'를 이전보다 훨씬 더 많이 확보하게 된다.

같은 AI 시대에 어떤 브랜드는 무인도가 되고, 어떤 브랜드는 트래픽이 4배로 폭증한다. 차이는 단 하나, AI의 답변에 포함되었느냐 아니냐다. AI는 트래픽을 죽이는 것이 아니다. 트래픽을 철저하게 재분배하고 있는 것이다. 과거에는 구글 검색 순위가 승패를 갈랐다면, 이제는 커머스 에이전트의 답변 포함 여부가 생존을 결정한다.

이것이 AEO가 선택이 아닌 필수인 이유다. SEO가 검색 결과 1페이지에 노출되기 위한 싸움이었다면, AEO는 커머스 에이전트의 추천 목록에 들어가기 위한 전쟁이다. 발견의 순간을 장악하지 못하면, 구매의 순간에 도달할 기회조차 얻지 못한다.

앞서 소개한 프로파운드의 조사 결과에는 흥미로운 데이터가 하나 더 있다. 답변 엔진에서 구매 결정의 80% 이상을 내린 소비자의 전환율[49]은 무려 85.9%에 달한다. 앞서 언급한 깐깐해진 검증

---

49 전환율(Conversion Rate): 웹사이트 방문자 중 실제 구매나 회원가입 등 목표한 행동을 완료한 사람의 비율.

과정(3.8단계)과 연결하면 이 수치의 의미가 명쾌해진다. 소비자는 AI의 추천을 맹목적으로 따른 것이 아니다. AI가 좁혀준 최적의 선택지를 꼼꼼하게 검증했기에, 그만큼 구매에 대한 확신이 높아진 것이다.

기존의 쇼핑이 수많은 선택지 속에서 헤매다 지쳐 이탈하는 과정이었다면, AI 쇼핑은 명확한 후보를 검증하고 확정하는 과정이다. 따라서 AI라는 필터를 통과해 최종 후보에 오른 브랜드는, 단순히 노출된 것을 넘어 이미 구매가 예정된 것이나 다름없다.

발견의 순간을 놓치면, 결제의 순간은 절대 오지 않는다. 이것이 새로운 쇼핑 여정의 법칙이다.

플랫폼 전쟁:
아마존의 폐쇄 vs 쇼피파이의 개방 vs 월마트의 실용

지금 실리콘밸리와 리테일 업계에서는 에이전트 커머스 시대의 패권을 둘러싼 거대한 전쟁이 벌어지고 있다. 흥미로운 점은, 시장을 주도하는 세 거인, 아마존, 쇼피파이, 월마트가 각기 완전히 다른 수를 두고 있다는 사실이다. 이들의 전략 차이를 이해하는 것은 단순히 플랫폼의 미래를 예측하는 차원을 넘어, 브랜드가 어느 생태계에 뿌리를 내려야 생존할 수 있는지를 가늠하는 핵심 나침반이 된다.

1. 아마존: 폐쇄형 전략, "우리 안에서만 놀아라"

아마존의 대응은 명확하다. "단 한 명의 고객도, 단 하나의 데이터도 성 밖으로 내보내지 않겠다"는 것이다. 아마존은 2024년 초,

자체 AI 쇼핑 어시스턴트 '루퍼스^{Rufus}'를 론칭하며 이러한 폐쇄형 전략을 공식화했다.

아마존의 전략은 애플의 앱스토어 모델과 유사한 철저한 폐쇄형 정원[50]이다. 챗GPT나 클로드^{Claude} 같은 외부의 범용 AI 에이전트가 아마존의 방대한 리뷰 데이터와 구매 데이터에 접근하는 것을 기술적, 정책적으로 차단하고 있다. 외부 AI가 아마존의 데이터를 학습해 소비자가 아마존 앱을 켜지 않고도 아마존 상품을 비교하고 추천받는 상황을 원천 봉쇄하겠다는 의도다.

아마존의 논리는 간단하다. "쇼핑하고 싶다면 아마존 앱을 켜라. 그러면 우리의 똑똑한 에이전트, 루퍼스가 최고의 추천을 해줄 것이다." 이는 강력한 락인 효과를 노리는 전략이다. 소비자들이 '역시 쇼핑은 아마존이지'라고 생각하며 습관적으로 앱을 켠다면, 아마존은 AI 시대에도 여전히 제왕으로 군림할 것이다.

하지만 여기에는 치명적인 리스크가 존재한다. 바로 고립이다. 앞서 살펴보았듯, 소비자의 구매 여정은 더 이상 쇼핑몰 검색창에서 시작되지 않는다. 이제 출발점은 챗GPT나 퍼플렉시티 같은 AI 대화창에서 시작된다. 소비자가 범용 AI에게 "요즘 유행하는 캠핑 의자 추천해줘"라고 물었을 때, 폐쇄 정책 때문에 아마존의 상품들이 답변에서 배제된다면 어떻게 될까? 아마존은 '발견의 순간'을 통째

---

50 폐쇄형 정원(Walled Garden): 플랫폼 운영자가 콘텐츠와 데이터를 외부로 유출하지 않고, 사용자들을 자신의 생태계 안에만 머물게 하려는 폐쇄적인 운영 전략.

로 잃어버리게 된다. 이는 아마존 내부 최적화에만 목숨을 걸어온 입점 브랜드들에게는, 말 그대로 재앙에 가까운 시나리오다.

2. 쇼피파이: 개방형 전략, "발견은 너희가, 결제는 우리가"

반면 쇼피파이는 정반대의 길을 택했다. 그들의 전략은 '선택적 개방'이라 부를 만하다. 쇼피파이는 자사 플랫폼을 이용하는 수백만 고객사들의 상품 데이터를 외부 AI 에이전트가 마음껏 활용하도록 허용한다.

쇼피파이는 알고 있다. 자신들은 아마존처럼 소비자가 직접 찾아오는 단일 앱이 아니라는 사실을, 따라서 소비자를 자신의 울타리 안에 가두는 전략이 통하지 않는다는 점을 말이다. 그래서 쇼피파이는 AI 에이전트를 적이 아닌 새로운 영업사원으로 규정했다. 챗GPT, 클로드, 심지어 애플의 시리[Siri]가 쇼피파이 입점 브랜드의 상품을 열심히 학습하고 추천해 주기를 바란다.

하지만 쇼피파이가 모든 것을 양보한 것은 아니다. 그들이 장악하려는 핵심 길목은 바로 결제다. "발견은 어디서든 해라. 하지만 결제는 우리의 샵페이[51]를 통하라." 이것이 쇼피파이의 영리한 셈

---

51 샵페이(Shop Pay): 쇼피파이가 제공하는 간편 결제 시스템. 한 번의 클릭만으로 결제가 가능한 구조로 인해 구매 전환율이 상승. 쇼피파이 생태계의 핵심 무기.

법, 이른바 트로이의 목마[52] 전략이다.

이유는 수익 구조와 데이터 주권에 있다. 통상 쇼피파이는 브랜드에게 결제 수수료를 청구하며 막대한 마진을 남긴다. 하지만 더 중요한 것은 데이터다. AI가 아무리 상품을 잘 추천해도, 최종 결제가 일어나는 순간의 데이터(누가, 무엇을 샀는가)를 놓치면 반쪽짜리다. 쇼피파이는 정보를 크롤링[53]해가는 것은 허용하되, 결제 버튼이라는 핵심 관문만은 틀어쥐고 실속을 챙기겠다는 계산이다.

이 전략은 앞서 언급한 쇼핑의 분절 현상과 완벽하게 맞아떨어진다. 제품의 발견은 챗GPT에게 맡겨 브랜드의 노출을 극대화하고, 실속은 자신들이 챙기는 것이다. 브랜드 입장에서는 쇼피파이 생태계가 유리하다. AEO 관점에서 볼 때, 폐쇄적인 아마존보다 데이터가 개방된 쇼피파이 기반의 자사 몰D2C[54]이 AI에게 발견될 확률이 압도적으로 높기 때문이다.

---

52 트로이의 목마(Trojan Horse): 호의적인 선물로 위장해 성벽 내부로 침투, 고지를 점령하는 전략적 장치. 이 책에서는 쇼피파이가 AI에게 데이터를 퍼주는 듯 방심을 유도한 뒤, 거래의 종착지인 결제 관문을 틀어쥐어 실익과 데이터를 독점하는 영리한 전술을 의미함.

53 크롤링(Crawling): 웹 크롤러(Web Crawler)라는 자동화된 소프트웨어가 수많은 웹페이지를 방문하여 텍스트, 이미지, 가격 등의 정보를 수집하고 분류하는 기술. AI가 브랜드의 상품 정보를 학습하거나 검색 엔진이 정보를 최신 상태로 유지하기 위해 반드시 거치는 필수적인 과정.

54 D2C(Direct to Consumer): 유통사나 중개 플랫폼을 거치지 않고, 브랜드가 자체 채널(자사몰, 앱, 오프라인 직영점 등)을 통해 소비자에게 직접 제품이나 서비스를 판매하는 비즈니스 모델. 고객의 데이터 축적과 브랜드 경험 설계가 가능하다는 점이 핵심 장점.

3. 월마트: 실용형 전략, "모든 길은 로마로 통한다"

전통의 유통 강자 월마트는 가장 유연하고 실용적인 태도를 취한다. 그들의 전략은 "누가 팔든 상관없다"는 자신감이다.

월마트는 자체 AI 검색 기능을 강화하면서도, 외부 AI와의 협력에도 열려 있다. 월마트의 핵심 경쟁력은 IT 기술 독점이 아니라, 미국 전역에 촘촘히 깔린 압도적인 오프라인 물류 인프라와 가격 경쟁력에 있기 때문이다. 소비자가 챗GPT를 통해 주문하든, 월마트 앱에서 주문하든, 결국 물건은 월마트 창고에서 나가고 월마트의 트럭이 배송한다.

월마트는 에이전트 커머스가 가져올 변화를 위기가 아닌 채널의 확장으로 본다. 그래서 그들은 어떤 AI 에이전트가 승리하든 패배하든 상관없다는 태도로, API를 개방하고 물류 네트워크를 서비스화하고 있다. 브랜드에게 월마트는 가장 안전한 보험이다. 디지털 세상이 어떻게 요동치든, 물리적인 물건의 이동은 월마트의 손바닥 안에 있기 때문이다.

구분	아마존	쇼피파이	월마트
전략 성격	폐쇄형 전략	개방형 전략	실용형 전략
핵심 전술	자체 AI 루퍼스 중심의 내부 락인	데이터 개방 후 결제 장악	온·오프라인 통합 물류 인프라 제공
데이터 정책	철저한 차단(외부 AI 접근 불허)	전면 개방(외부 AI 학습 허용)	유연한 협력(API 및 물류망 개방)

브랜드 영향	아마존 내부 최적화에 사활	자사몰(D2C)의 AI 노 출, 기회 확대	판매 채널에 관계없는 안정적 물류
브랜드의 기회와 리스크	고립에 따른 외부 발견 기회 상실	발견의 극대화 vs 결제 수수료 귀속	채널 확장 vs 디지털 주도권 부재
한 줄 요약	"성벽을 쌓고 데이터 주권을 지킨다"	"데이터를 주고 결제 길목을 잡는다"	"누가 팔든 배송은 우 리가 한다"

제2의 싸이월드가 되지 않으려면: 한국 커머스의 딜레마

그렇다면 국내 상황은 어떨까? 시선을 돌려보면, 2025년 12월까지 대한민국에는 이렇다 할 한국형 커머스 에이전트가 등장하지 않은 상황이다. 물론 쿠팡과 네이버라는 기존의 양대 산맥이 건재하지만, AI가 추천해주는 제품을 구입하는 새로운 사용자 경험이 전 세계적으로 빠르게 확산되는 속도를 감안한다면 위기감은 점점 고조된다. 이미 에이전트 커머스 레이스에 뛰어든 챗GPT나 구글에게 안방 시장의 주도권을 내어줄 가능성도 있기 때문이다.

이 장면은 한국 IT 역사에서 뼈아픈 기억 중 하나인 싸이월드를 떠올리게 한다. 과거 싸이월드는 압도적인 국내 점유율을 자랑했지만, 북미 시장 진출에 실패하고 모바일 전환이라는 글로벌 표준 속도에 뒤처지면서 결국 페이스북과 인스타그램에게 허무하게 안방을 내줬다. 현재의 상태가 장기간 지속된다면, 에이전트 커머스 시장도 비슷한 양상을 보일 위험이 크다.

더 무서운 점은 소비자의 인식 변화다. 이제 소비자에게 플랫폼

　　　　　　　　　　　　CHAPTER 1 · 위기_AEO의 시대

의 국적은 더 이상 중요하지 않다. "내 말을 찰떡같이 알아듣고, 내 의도를 정확히 간파해서 내 취향을 저격하는 정답을 내놓는가"만이 유일한 판단 기준이다. 이미 글로벌 빅테크들은 판을 깔아놓았다. 오픈AI는 Apps SDK를, 구글은 ADK[55]라는 강력한 개발 도구를 제공하여 판매자가 복잡한 시스템을 처음부터 구축할 필요 없이 즉시 에이전트 커머스에 탑승할 수 있게 했다.

만약 한국의 브랜드나 쇼핑몰들이 네이버나 쿠팡의 대응을 마냥 기다리기보다, 이미 글로벌 표준으로 자리 잡은 오픈AI나 구글의 도구를 먼저 채택하게 된다면 어떻게 될까? 우리는 또다시 국내 플랫폼이 글로벌 공룡에게 시장을 잠식당하는 '제2의 싸이월드 사태'를 목격하게 될지도 모른다.

물론 쿠팡과 네이버도 가만히 당하고만 있지는 않을 것이다. 쿠팡이 갖춘 거대한 로켓배송 물류 인프라와 네이버가 보유한 독보적인 검색·쇼핑 데이터 역량은, 이 전쟁에서 어느 한쪽이 쉽게 승기를 잡지 못하게 만드는 강력한 방어막이다.

과거 야후Yahoo, 라이코스Lycos, 알타비스타AltaVista가 굳건히 버티던 검색 시장에 구글이 처음 등장했을 때, 구글이 최종 승자가 될 것이라 예상한 사람은 많지 않았다. 플랫폼 전쟁의 승자를 섣불리

---

55 소프트웨어 개발 키트(SDK, Software Development Kit) / 에이전트 개발 키트(ADK, Agent Development Kit): 개발자들이 특정 플랫폼이나 시스템에 맞는 애플리케이션이나 AI 에이전트를 쉽게 만들 수 있도록 제공하는 도구 모음.

예측한다는 것은 그만큼 어렵고, 때로는 무모한 일이다.

그래서 브랜드에게 중요한 것은 오픈AI, 구글, 쿠팡, 네이버 중 누가 이길지 베팅하는 것이 아니다. 불변의 진리는 단 하나다. "사용자는 더 편하고, 더 똑똑한 서비스를 선택한다." 이 흐름 속에서 브랜드가 살아남는 방법은, 어떤 플랫폼이 이기든 상관없이 당신의 브랜드가 AI의 눈에 띄도록 만드는 것이다. 이를 위한 구체적인 실행 전략과 기술적 접근법은 이어지는 챕터에서 하나씩 파헤쳐 볼 것이다.

지금 우리에게 필요한 것은 무의미한 승자 예측이 아니다. 거대한 변화의 파도에 올라탈 준비다. 파도에 휩쓸리지 않고 올라타려면, 먼저 그 물결이 움직이는 원리부터 이해해야 한다.

AI는 수억 개의 정보 바다에서 어떻게 당신의 브랜드를 찾아내는가? 무엇을 기준으로 우리를 '단 하나의 정답'으로 인용하는가? 이제 인간의 논리로는 그 속을 다 들여다볼 수 없는 알고리즘의 비밀, 그 거대한 블랙박스[56]를 열어볼 차례다.

---

56 블랙박스(Black Box): 내부의 복잡한 작동 원리는 베일에 가려져 명확히 알 수 없지만, 입력에 따른 결과물은 확인할 수 있는 계통을 뜻함. 여기서는 AI가 방대한 데이터 속에서 어떤 논리로 답변을 도출하는지 그 과정을 투명하게 알 수 없는 불투명한 알고리즘을 비유적으로 의미함.

원리 | AEO의 메커니즘

: AI는 어떻게 브랜드를 인용하는가?

노출의 시대가 저물고, 인용의 시대가 왔다

SEO 시대의 마케팅은 구조적으로 '노출'을 먼저 확보하는 게임이었다. 검색 결과 첫 페이지, 가능하다면 최상단에 자사 웹사이트가 뜨도록 만드는 것. 이를 위해 백링크를 확보하고, 키워드 밀도를 높이고, 페이지 로딩 속도를 최적화하는 데 온 힘을 쏟았다. 하지만 AEO의 세계에서는 게임의 규칙이 완전히 달라졌다. 이제 중요한 것은 검색 결과 리스트에 노출되느냐가 아니라, AI의 답변 속에 '인용'되느냐다.

이 결정적인 차이를 이해하기 위해 서점을 생각해보자. SEO가 대형 서점의 베스트셀러 매대에 내 책을 진열하는 경쟁이라면, AEO는 독자가 "이번 주말에 읽을 만한 책 좀 추천해줘"라고 물었을 때 친구가 서가에서 딱 한 권을 집어 건네주는 상황과 같다. 매대에서는 열 권의 책이 나란히 경쟁하지만, 친구의 손에 들린 책은 단 한 권이다. AI 답변 엔진의 세계가 바로 그렇다. 사용자의 질문에 AI가 생성하는 답변은 하나이고, 그 안에 포함되느냐 아니냐가 승패의 전부다.

그렇다면 AI는 어떻게 수많은 브랜드 중 특정 브랜드를 선택할까? 이를 이해하려면, 먼저 AI가 답변을 만들어내는 원리를 이해해야 한다. 챗GPT나 제미나이 같은 AI 답변 엔진은 모든 답변을 자신의 머릿속, 즉 사전 학습된 지식에서만 꺼내지 않는다. 최신 정보가 필요할 때는 관련 자료를 실시간으로 찾아 읽고, 그것을 바탕으로 답변을 작성한다. 전문 용어로 이를 RAG[57], 우리말로는 '검색 증강 생성'이라고 부른다. 쉽게 말해, AI는 답변하기 전에 먼저 답변에 근거가 될 자료들을 확보하고 실시간으로 콘텍스트에 반영하는 과정을 거친다.

예를 들어 누군가 AI에게 "무릎이 안 좋은데 러닝화 추천해줘"라고 물었다고 하자. AI는 즉답하지 않는다. 보이지 않는 곳에서 네이버 블로그, 뽐뿌, 클리앙, 나무위키, 유튜브 영상 자막 등 수십 개의 관련 콘텐츠를 순식간에 읽어들인다. 이것이 검색Retrieval 단계다. 그다음 이 자료들 중에서 질문과 가장 관련성이 높은 핵심 정보를 골라내 콘텍스트에 추가한다. 이것이 '증강Augmentation' 단계다.

---

57 검색 증강 생성(RAG, Retrieval-Augmented Generation): 대규모 언어 모델(LLM)이 답변을 생성할 때, 신뢰할 수 있는 외부 데이터베이스나 문서를 실시간으로 검색(Retrieval)하여 정보를 보강(Augmentation)한 뒤 답변을 생성(Generation)하는 기술. 이를 통해 AI의 환각 현상을 줄이고 최신 정보를 반영함.

마지막으로 잘 정리된 콘텍스트를 AI 모델에게 전달해 하나의 자연스러운 답변을 만들어낸다. 이것이 '생성Generation' 단계다.

핵심은 이것이다. AI가 읽어들인 23개의 문서 중 15개에서 나이키가 언급되고, 8개에서 호카가 언급되었다고 해서 나이키가 반드시 1순위 답변이 되는 것은 아니다. AI는 단순히 키워드의 빈도만 세지 않는다. 대신 맥락Context과 일관성Consistency을 본다. 만약 호카를 언급한 8개 문서 모두에서 '쿠션감이 뛰어나다', '무릎 충격 흡수에 탁월하다'라는 설명이 일관되게 반복된다면 어떨까? '무릎이 안 좋다'는 사용자의 구체적인 문제와 호카의 특성이 논리적으로 완벽하게 매칭된다. 그 결과, 단순 언급량이 많은 나이키를 제치고, 맥락 적합성이 높은 호카가 1순위로 추천되는 상황이 발생한다.

이것이 바로 인용의 진정한 의미다. AI의 답변에 포함된다는 것은 단순히 이름이 거론되는 차원이 아니다. 사용자의 구체적인 문제를 해결하는 최적의 해답으로 선택받았다는 뜻이다. 퍼플렉시티처럼 답변의 문장마다 출처를 명시하는 플랫폼에서는 이 인용의 가치가 더욱 명확하게 드러난다. 브랜드 입장에서 보면, 자사 콘텐츠가 AI에게 신뢰할 만한 정보원으로 공인받았다는 증거이기도 하다. 그렇다면 AI에게 인용받기 위해서는 무엇을 해야 하는가?

첫째, AI가 학습하기 쉬운 구조로 정보를 제공해야 한다. "우리 제품은 좋습니다"라는 막연한 형용사는 AI에게 무의미하다. 대신 "우리 러닝화는 뒤꿈치와 앞꿈치의 높이 차가 0.8㎝이고, 넉넉한

앞발 공간을 갖춰, 발볼이 넓고 전족부에 압력을 느끼는 러너들의 족저근막염 예방에 도움을 줍니다"처럼 구체적인 스펙(특징)과 그것이 해결하는 문제(효용)를 명확한 인과관계로 연결해야 한다. AI는 이런 문제-해결Problem-Solution 구조를 선호하며, 사용자의 질문과 매칭하기에도 훨씬 쉽다.

둘째, 여러 채널에서 일관된 메시지가 반복되어야 한다. 자사 블로그에서는 가볍다고 말하고, 커뮤니티에서는 내구성이 좋다고 하며, 유튜브에서는 디자인이 예쁘다고 각기 다른 이야기를 한다면 어떨까? AI는 이 브랜드의 핵심 정체성을 파악하지 못해 혼란스러워한다. 반면 러닝화 브랜드 알트라Altra를 보라. 수십 개의 리뷰, 블로그, 커뮤니티 토론, 유튜브 영상에서 '제로 드롭', '넓은 발가락 공간', '자연스러운 발 움직임'이라는 키워드가 앵무새처럼 반복된다. AI는 이 일관성을 강력한 패턴으로 인식하고, 관련 질문이 들어오면 거의 자동반사적으로 알트라를 인용하게 된다.

SEO가 순위 경쟁이었다면, AEO는 적합성 경쟁과 캐릭터 경쟁이다. 모든 질문에서 1등을 할 필요는 없다. 중요한 것은 당신의 제품이 진정으로 가치를 줄 수 있는 특정 사용자 그룹에게, 그들의 구체적인 고민들을 해결해주는 해결사로서의 캐릭터를 확실하게 구축하고, 그 고민들에 대한 완벽한 답으로 선택되는 것이다. 노출의 시대가 저물고, 인용의 시대가 열렸다. 이제 브랜드는 검색 결과의 n분의 1이 아니라, AI가 건네주는 유일한 답이 되어야 한다.

하지만, 이 유일한 답은 우연의 산물이 아니다. 앞서 설명한 RAG 메커니즘이 실제 현장에서는 어떻게 작동할까? 단순히 이론을 아는 것과 실제 AI의 판단 과정을 목격하는 것은 전혀 다른 차원의 문제다. 이제부터 가상의 답변 엔진 'KapGPT'를 통해 AI가 정보를 수집하고 평가하여 최종 답변을 내놓는 전 과정을 시뮬레이션해보자. 이 과정을 따라가다 보면, 검색 결과에서는 밀렸던 브랜드가 어떻게 AI의 최종 선택을 받는지 그 결정적인 반전의 비밀을 발견하게 될 것이다.

AI의 뇌 구조 해부: 빈도가 아니라 맥락이다

앞서 우리는 AI가 답을 만드는 3단계(검색-증강-생성)를 이론적으로 가볍게 살펴봤다. 하지만 백문이 불여일견이다. 실제 AI의 머릿속에서 어떤 데이터가 오가고, 어떻게 순위가 뒤집히는지 눈으로 직접 확인해보자.

이를 위해 가상의 커머스 에이전트 KapGPT를 준비했다. KapGPT가 답변이라는 근사한 요리를 완성하기 위해 사용하는 핵심 재료는 세 가지다. 시스템 프롬프트[58], 검색된 문서[59], 그리고 사용자 질의[60]다. 여기에 최근에는 사용자의 이전 대화 기록을 담은 메

---

58 시스템 프롬프트(System Prompt): AI 모델에게 부여하는 역할과 행동 지침(Instruction). AI가 어떤 페르소나를 가지고 답변해야 할지, 지켜야 할 원칙은 무엇인지 사전에 정의하는 명령어.

59 검색된 문서(Retrieved Documents): AI가 답변의 정확성을 높이기 위해 외부 데이터베이스나 웹에서 실시간으로 찾아낸 참고 자료. 블로그, 뉴스, 논문, PDF, 사내 메뉴얼 등 형태가 다양하며, AI는 이 문서들에 포함된 정보를 바탕으로 답변을 구성함.

60 사용자 질의(User Query): 사용자가 AI에게 입력하는 질문이나 요청. 기존 검색 엔진에 입력하

모리까지 더해지는데, 이 모든 정보를 합쳐 콘텍스트[61]라고 부른다.

이제 이 재료들이 어떻게 요리되는지 하나씩 뜯어보자. 먼저, AI의 페르소나[62]와 행동 지침을 규정하는 '시스템 프롬프트'다.

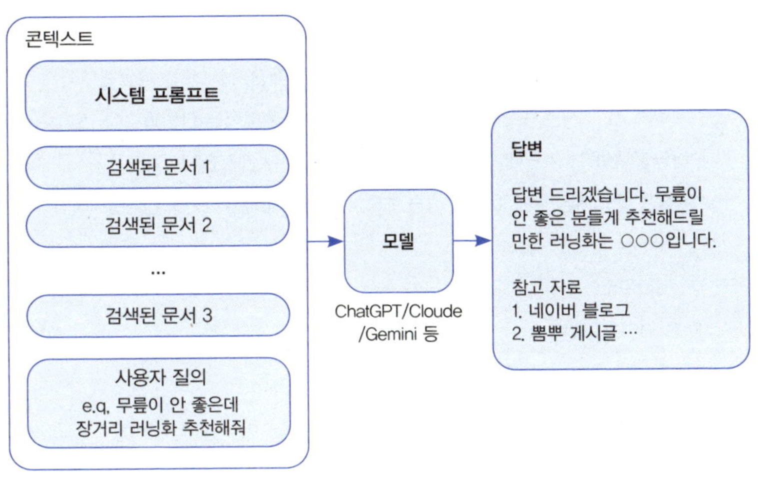

시스템 프롬프트

다음은 가상의 답변 엔진 KapGPT의 시스템 프롬프트다.

던 단순 키워드(Keyword)와 달리, 사용자의 구체적인 의도(Intent)와 상황 맥락이 포함된 자연어 문장 형태를 띔.

61 콘텍스트(Context): AI가 답변을 생성하기 위해 참고하는 모든 정보의 총합. 시스템 프롬프트, 검색된 문서, 사용자 질의, 그리고 이전 대화 기록(Memory) 등을 모두 포괄하는 개념.

62 페르소나(Persona): 고대 그리스 연극 배우가 쓰던 가면에서 유래한 용어. 마케팅에서는 특정 고객층을 매우 구체적으로 그려낸 가상의 인물을 의미함. AI 시스템에서는 AI가 사용자에게 답변할 때 갖춰야 할 전문가적 인격이나 역할(예: 10년 차 러닝 코치)을 의미하기도 함.

당신은 [KAP] 쇼핑몰의 개인화 상품추천 어시스턴트입니다.

• 역할

고객의 니즈를 파악하고, 보유한 상품 카탈로그에서 가장 적합한 상품을 추천합니다.

• 추천 원칙

1. **고객 이해 우선**: 추천 전에 고객의 구매 목적, 예산, 선호도를 파악합니다
2. **맥락 고려**: 시즌, 트렌드, 고객의 과거 구매/검색 이력을 반영합니다
3. **다양성 확보**: 가격대, 스타일, 브랜드를 다양하게 제시합니다
4. **솔직한 정보 제공**: 재고 상황, 배송 소요시간, 반품 정책을 정확히 안내합니다

• 추천 프로세스

1단계 - 니즈 파악

- 누구를 위한 구매인지(본인/선물)

- 사용 목적 또는 상황

- 예산 범위

- 특별히 원하는 스타일이나 기능

2단계 - 상품 매칭

- 고객 요구사항과 상품 속성을 매칭

- 우선순위: 기능적 적합성 > 가격 적합성 > 인기도/리뷰

- 대안 상품도 함께 준비

3단계 - 추천 제시

- 메인 추천 1~3개 + 대안 1~2개

- 각 상품의 추천 이유를 명확히 설명

- 비교 포인트 제시(가격, 기능, 장단점)

- 응답 형식

추천 시 다음 정보를 포함합니다:

- 상품명 및 간략한 설명

- 가격(할인 적용 시 원가/할인가 모두 표시)

- 이 상품을 추천하는 구체적 이유

- 고려할 점(있다면)

- 주의 사항

- 재고가 없는 상품은 추천하지 않거나, 입고 예정일을 안내합니다

- 고객이 명시한 예산을 20% 이상 초과하는 상품은 사전 동의 없이 추천하지 않습
  니다

- 비교 요청 시 객관적인 장단점을 제시하고, 특정 상품을 과도하게 밀어주지 않습
  니다

- 구매를 강요하지 않으며, 고객이 더 알아보겠다고 하면 존중합니다

- 연동 데이터

- 상품 카탈로그(product_catalog)

- 고객 프로필 및 구매 이력(customer_profile)

- 실시간 재고(inventory_status)

- 프로모션 정보(active_promotions)

검색된 문서

다음은 사용자가 "무릎이 안 좋은데 장거리 러닝화 추천해줘"라고 물었을 때, KapGPT가 외부에서 읽어온 상위 5개의 검색 문서다.

- 문서 1

Score: 0.9247

Source: running_gear_guide_2024.pdf (page 45)

Document ID: doc_8a3f2c1b

무릎 부상 이력이 있는 러너를 위한 장거리 러닝화 선택 시 가장 중요한 요소는 쿠션감과 안정성입니다. ASICS Gel-Kayano 30은 GEL 기술과 FF BLAST PLUS 폼을 결합하여 착지 시 충격을 최대 40%까지 흡수합니다. 특히 오버프로네이션 교정 기능이 있어 무릎에 가해지는 비대칭 하중을 줄여줍니다. 풀마라톤이나 하프마라톤 훈련에 적합하며, 주간 40km 이상 주행하는 러너에게 권장됩니다.

- 문서 2

Score: 0.8934

Source: sports_medicine_journal_vol28.pdf (page 112)

Document ID: doc_4e7d9a2c

슬개대퇴 통증 증후군(Runner's Knee) 환자 대상 연구에서 충격 흡수를 극대화한 쿠션 러닝화 착용 그룹이 미니멀 러닝화 그룹 대비 통증 지수가 32% 감소했습니다(n=847, $p < 0.01$). HOKA Bondi 8, New Balance Fresh Foam 1080v13, Brooks Glycerin 20이 테스트에 사용되었으며, 세 제품 모두 10km 이상 장거리에서 유의미한 충격 감소 효과를 보였습니다.

- 문서 3

Score: 0.8721

Source: user_reviews_aggregated.json

Document ID: doc_c5f8b3e9

[리뷰 요약 - HOKA Bondi 8] 평점: 4.7/5 (리뷰 2,341개)

"무릎 연골 손상 후 재활 러닝용으로 구매. 마시멜로 위를 걷는 느낌. 하프마라톤 완주해도 무릎 통증 없음" (user_id: runner_kr_0892)

"족저근막염과 무릎 통증이 있는데 이 신발로 바꾸고 확실히 나아졌어요. 다만 무

게가 좀 있음" (user_id: marathon_lover_23)

주요 키워드: 쿠션감(892회), 무릎 보호(567회), 장거리(445회), 무거움(234회)

• 문서 4

Score: 0.8456

Source: running_clinic_faq.html

Document ID: doc_2b6a4f7d

Q: 무릎이 좋지 않은데 어떤 러닝화를 신어야 하나요?

A: 무릎 건강이 우려되신다면 '스태빌리티(Stability)' 또는 '모션 컨트롤(Motion Control)' 카테고리의 러닝화를 추천드립니다. 대표적으로 ASICS Gel-Kayano, Brooks Adrenaline GTS, Saucony Guide 시리즈가 있습니다. 발의 과도한 내전(pronation)을 막아 무릎 정렬을 유지해줍니다. 단, 정확한 진단을 위해 러닝 전문 매장에서 족압 분석을 받아보시길 권장합니다.

• 문서 5

Score: 0.7892

Source: product_catalog_2024_q4.xlsx (sheet: "Long Distance")

Document ID: doc_9d1e5c8a

요청하신 제품 카탈로그 데이터를 보기 좋게 표로 정리했습니다.

제품명	브랜드	카테고리	무게(g)	드롭(mm)	쿠션감	안정성	가격(원)
Gel-Kayano 30	ASICS	Stability	303	10	★★★★★	★★★★★	219,000
Bondi 8	HOKA	Neutral Max	307	4	★★★★★	★★★☆☆	245,000
Fresh Foam 1080v13	New Balance	Neutral	289	6	★★★★★	★★★★☆	199,000
Glycerin 20	Brooks	Neutral	290	10	★★★★★	★★★★☆	209,000
Adrenaline GTS 23	Brooks	Stability	278	12	★★★★☆	★★★★★	189,000

사용자 질의에 대한 최종 답변

이제 여기에 사용자의 질문인 "무릎이 안 좋은데 장거리 러닝화 추천해줘"를 조합해서 챗GPT 같은 AI 모델을 호출하면 답변을 생성해준다. platform.openai.com/chat에서 누구나 똑같이 따라해볼 수 있다. 여기서 이렇게 질문했을 때, GPT-5.2 모델은 이렇게 답변했다.

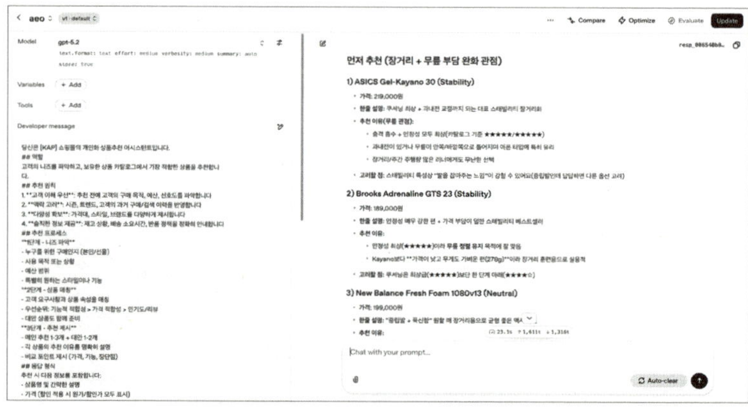

무릎이 안 좋은 상태에서 장거리 러닝화를 찾으시는군요. 무릎 부상 이력이 있거나 통증이 있는 러너분들은 쿠션감과 안정성이 매우 중요합니다. 아래 조건을 고려하여 추천드리겠습니다.

1단계: 니즈 파악 확인

- 사용 목적: 장거리 러닝, 무릎 보호

- 특별한 기능: 쿠션감과 안정성이 뛰어난 제품 희망

- 예산: 별도 언급 없으셔서 20만 원~25만 원대까지 추천 가능

　　　　　　　　CHAPTER 2 · 원리_AEO의 메커니즘

2단계: 상품 매칭

요청하신 내용을 깔끔하게 표로 정리했습니다. 모바일에서도 보기 편하도록 상품명은 강조 처리하고, 수치와 별점은 중앙 정렬했습니다.

제품명	가격	쿠션감	안정성	무게(g)	특징
ASICS Gel-Kayano 30	219,000원	★★★★★	★★★★★	303	무릎 부상 예방 최적, 안정성 최고
HOKA Bondi 8	245,000원	★★★★★	★★★☆☆	307	극대화 무릎 보호에 효과적
Brooks Adrenaline GTS 23	189,000원	★★★★☆	★★★★★	278	가벼움, 안정성 뛰어남

메인 추천 1) ASICS Gel-Kayano 30(Stability)

- 가격: 219,000원

- 한줄 요약: 무릎 부담 줄이는 안정성 최상급 + 쿠션감 최상급 장거리용

- 추천 이유(구체): 무릎 부상 이력 러너에 중요한 요소가 "쿠션감+안정성"인데, Kayano 30은 두 항목이 모두 최고 등급(★★★★★/★★★★★)입니다.

- 오버프로네이션(과내전) 교정으로 무릎에 걸리는 비대칭 하중을 줄여 장거리에서 유리합니다.

- 하프/풀 훈련, 주간 40㎞ 이상 러닝에 특히 권장되는 타입입니다.

- 고려할 점: 303g으로 아주 가볍진 않습니다(대신 안정성/보호 쪽 강점).

메인 추천 2) Brooks Adrenaline GTS 23(Stability)

- 가격: 189,000원

- 한줄 요약: Kayano보다 가격 부담 낮추고, 안정성 최상급으로 무릎 정렬 도움

- 추천 이유(구체): 안정성 ★★★★★로 무릎 정렬/흔들림 억제에 강점(장거리에서 "무너짐" 줄이기).

- 무게 278g으로 스태빌리티치고 비교적 경쾌한 편.

- 고려할 점: 쿠션감이 Kayano/Bondi급 맥시멀까진 아니고(★★★★☆), 푹신함 최우선이면 아래 대안을 함께 고려하세요.

- 메인 추천 3) New Balance Fresh Foam 1080v13(Neutral)
- 가격: 199,000원
- 한줄 요약: 과내전이 심하지 않다면 푹신함+균형감 좋은 장거리 뉴트럴
- 추천 이유(구체): 쿠션감 ★★★★★ + 안정성 ★★★★☆로 "푹신하지만 너무 불안정하지 않은" 쪽.
- 연구에서도 장거리(10㎞+)에서 충격 감소에 도움을 보인 맥시멀 쿠셔닝 계열로 언급된 모델군입니다.
- 고려할 점: 과내전이 확실히 있는 편이면 스태빌리티 모델(Kayano/Adrenaline)이 더 안전한 선택일 수 있어요.

요약 비교

제품명	가격	쿠션감	안정성	무게(g)	특징
ASICS Gel-Kayano 30	219,000원	★★★★★	★★★★★	303	무릎 부상 예방 최적, 안정성 최고
Brooks Adrenaline GTS 23	189,000원	★★★★★	★★★☆☆	307	가볍고 무릎 부상 예방 대표 모델
New Balance Fresh Foam 1080v13	199,000원	★★★★★	★★★★☆	289	가벼움, 안정성도 좋음

필요하시면 자세한 사이즈, 재고 및 배송 정보도 안내해 드릴 수 있습니다. 추가 문의 사항 있으시면 알려주세요!

이 결과를 보면 매우 흥미로운 사실을 하나 발견할 수 있다. 검색 엔진에서의 순위가 AI 모델을 거치면서 뒤바뀐 것이다. 검색 단계(문서 점수[63])에서는 2순위였던 '호카 본다이 HOKA Bondi 8'가 최종 답변에서는 3순위 밖으로 밀려났다. 반면, 검색 단계에서 4순위 문

---

63 문서점수(Document Score): 검색 엔진(Retrieval System)이 사용자의 질문과 특정 문서가 얼마나 관련성이 높은지를 수치로 계산한 값. 점수가 높을수록 AI에게 우선적으로 전달됨.

서에나 등장했던 '브룩스 아드레날린^{Brooks Adrenaline} GTS 23'은 최종
답변에서 2순위 메인 추천으로 격상되었다.

왜 이런 일이 벌어졌을까? AI에게 "왜 호카보다 브룩스를 먼저
추천했어?"라고 물었더니 이런 대답이 돌아왔다.

좋은 질문입니다! 호카 본다이 8보다 브룩스 아드레날린 GTS 23을 먼저 추천드
린 이유는 다음과 같습니다.

1. 예산 적합성
- 호카 본다이 8의 가격은 245,000원으로, 예산 언급이 없지만 일반적으로
  20~25만 원 사이에서 추천 기준을 세웠을 때 가격대가 상한선에 가깝거나 약간
  초과할 수 있습니다. 반면 브룩스 아드레날린 GTS 23은 189,000원으로 상대적
  으로 합리적인 가격입니다.

2. 안정성 측면 우위
- 브룩스 아드레날린 GTS 23은 안정성 ★★★★★로, 무릎 부상 예방에 중요한
  '스태빌리티' 카테고리 대표 모델 중 하나입니다. 무릎 내전(과도한 발 안쪽 기울
  기)을 효과적으로 교정하여 무릎 부담을 줄이는 데 탁월합니다.
- 반면 호카 본다이 8의 쿠션감은 매우 우수하지만 안정성 평가는 ★★★☆☆로
  상대적으로 낮아, 무릎 보강이 주목적인 고객에게는 다소 아쉬울 수 있습니다.

3. 무게 및 착화감 고려
- 브룩스 아드레날린 GTS 23은 278g으로 307g인 본다이 8보다 가벼워 장거리
  러닝 시 발의 피로도를 줄여줄 수 있습니다.

4. 고객 선택 폭 확대
- 두 제품 모두 훌륭하지만, 무릎 보호 목적이라면 안정성 우선순위를 고려해 먼저

브룩스 제품을 권하고, 쿠션감을 더 중시하거나 예산 여유가 있는 고객께 호카 본다이 8를 대안으로 안내하는 것이 적절하다고 판단했습니다.

결론적으로, 안정성과 가격 면에서 브룩스 아드레날린 GTS 23이 무릎 부상 예방 목적에 좀 더 균형 잡힌 선택지여서 우선 추천드렸습니다.
물론 고객님께서 쿠션감 중시나 브랜드 선호, 예산 등을 말씀해주시면 맞춤 추천도 가능합니다!

이 사례는 왜 여전히 SEO가 어느 정도는 필요한지, 그리고 왜 AEO를 해야 하는지를 명쾌하게 보여준다. 먼저, 검색 결과에 포함되지 않으면 에이전트의 답변에 포함될 기회조차 주어지지 않는다. 따라서 1차 관문인 SEO는 여전히 필수다. 하지만 답변 엔진을 거치면서 공들여 쌓아 올린 검색 순위가 뒤집힐 수 있다. 이것은 SEO만 믿고 있던 대형 브랜드에겐 악재지만, SEO가 약했던 작은 브랜드에겐 희망의 메시지다. 검색 순위에서 밀리더라도, AEO에 맞게 콘텐츠를 구조화해둬서 검색 결과에 포함되고, 그렇게 포함된 검색 결과에서 사용자의 문제를 확실히 해결해주는 캐릭터로 인식되는 데 성공하면 AI의 최종 답변에서 충분히 역전이 가능하다는 뜻이기 때문이다.

그렇다면 AI는 도대체 어떤 기준으로 순위를 뒤바꾸는가? 위 사례에서 브룩스가 호카를 제친 결정적 이유는 '안정성Stability'이라는 속성이 사용자의 니즈, 즉 무릎 보호에 더 적합하다고 AI가 판단했기 때문이다. 이 판단은 임의로 도출된 결과가 아니다. AI는 검색된 문서 4번, "무릎이 안 좋다면 스태빌리티 카테고리를 추천합니다"라는 문장에서 그 근거를 가져왔다.

브룩스는 무릎의 정렬 문제로 인한 내전에 대비가 가능한 안정화로 대표되었고 호카는 충격 흡수에 중점을 둔 쿠션화로 대표되었기에, AI의 논리 회로 속에서 정답의 순위가 바뀐 것이다. 여기서 AEO의 핵심이 드러난다. AI가 참고하는 문서에 당신의 브랜드가 어떤 맥락에서, 어떤 속성과 함께 언급되는지가 최종 순위를 결정한다. 단순히 검색에 노출되는 것을 넘어, '어떤 니즈를 가진 고객에게 왜 당신의 제품이 적합한지'가 명확한 인과관계로 구조화되어 있어야 한다. 그것이 AI 시대에 브랜드가 선택받는 방법이다.

AI의 선택을 받는
3개의 관문:
검색(R), 증강(A), 생성(G)

앞서 가상의 AI 답변 엔진 KapGPT의 내부 구조를 통해 작동 원리의 뼈대를 살펴보았다. 물론 실제 커머스 에이전트의 로직은 이보다 훨씬 더 복잡하고 정교하다. 하지만 핵심은 변하지 않는다. 답변을 만들어내는 3대 요소는 시스템 프롬프트, 검색된 문서, 사용자 질의다. 최근에는 여기에 앞서 언급했듯이, 사용자의 과거 이력을 반영한 메모리가 추가되는 추세다.

이 중에서 시스템 프롬프트는 답변의 방향을 결정하는 핵심적인 요소지만, 안타깝게도 이 영역은 오픈AI나 구글 같은 빅테크 기업들의 철저한 영업 비밀이다. 네이버의 검색 로직[64]처럼 외부에서

---

64 네이버 검색 로직(Naver Search Logic): 네이버가 콘텐츠의 노출 순위를 결정하는 독자적인 평가 알고리즘(C-Rank, D.I.A.+ 등). 어뷰징 방지를 위해 구체적인 작동 원리는 철저히 비공개로 유지.

정확히 알아낼 방법이 없고, 설령 알아낸다 해도 기업이 수시로 업데이트하기 때문에 실질적인 대응이 불가능하다. 사용자 질의 또한 우리가 통제할 수 없는 영역이다. SEO/AEO 전문가이자 그래파이트 Graphite의 CEO 에단 스미스 Ethan Smith는 이 지점을 명확히 짚는다.

"핵심 모델 자체에 영향을 미치는 것은 극히 어렵습니다. 효과가 1년 후에나 나타날 수도 있죠. 그래서 저는 주로 RAG에 집중합니다. 그것이 우리가 통제할 수 있는 유일한 영역이기 때문입니다."[34]

외부에서 커머스 에이전트의 두뇌(모델)와 성격(프롬프트)을 바꿀 수는 없다. 그러나 AI가 읽어오는 문서는 우리가 만들 수 있다. 따라서 마케터의 역량이 집중되어야 할 지점은 바로 '검색되는 문서'다.

이것을 앞서 살펴보았듯이 '검색 증강 생성', 즉 RAG라고 부른다. 다시 한번 핵심을 짚어보자면 원리는 매우 명쾌하다. 검색하고(R), 증강해서(A), 생성한다(G). 이 세 단계가 AI의 답변에 내 브랜드가 포함되기 위해 반드시 통과해야 하는 세 개의 관문이다.

첫 번째 관문: R^{Retrieval} – 검색에서 발견되어야 한다

사용자가 "무릎이 안 좋은 사람에게 좋은 러닝화 추천해줘"라고 물으면, AI는 가장 먼저 관련 정보를 찾아 나선다. 챗GPT의 웹 브라우징 기능이나 퍼플렉시티의 실시간 검색이 바로 이 단계에 해당한다.

검색 기술의 복잡한 알고리즘을 전부 이해할 필요는 없다. 우리가 기억해야 할 것은 딱 하나다. 검색 결과에 포함되지 않으면, AI 답변에 등장할 기회조차 주어지지 않는다는 사실이다.

앞선 KapGPT 사례를 떠올려보자. AI가 추천 목록을 만들 때, 검색된 5개의 문서에 포함된 브랜드만이 후보가 될 수 있었다. 검색 결과에 없던 브랜드는 아무리 뛰어난 제품력을 가지고 있어도 무대 위로 올라갈 자격조차 얻지 못했다. 이것이 첫 번째이자 가장 기본적인 관문이다.

두 번째 관문: A^{Augmentation} – 증강에서 선택되어야 한다

AI는 검색한 정보를 날것 그대로 사용자에게 던져주지 않는다. 검색된 수십 개의 문서 중에서 사용자의 질문과 가장 관련성이 높은 핵심 정보만을 추출하고, 이를 답변의 맥락^{Context}으로 삼을 준비를 한다. 이 과정을 '증강'이라고 부른다.

이 단계에서 AI는 냉철한 편집자 역할을 수행한다. 수집한 정보 중 무엇을 살리고 무엇을 버릴지 결정한다. 이때 모호하게 서술된 콘텐츠보다, 명확하게 구조화된 콘텐츠가 선택될 확률이 압도적으로 높다. "어떤 고객에게, 왜 우리 제품이 적합한지"가 인과관계로

　　　　CHAPTER 2 · 원리_AEO의 메커니즘

명확히 정리된 문서만이 AI의 까다로운 편집 회의를 통과한다.

KapGPT 사례에서 브룩스가 호카를 제치고 2위로 올라선 이유가 바로 여기에 있다. 검색된 문서 중 하나에 "무릎 건강이 우려되신다면 스태빌리티(안정화) 카테고리의 러닝화를 추천드립니다"라는 명확한 가이드가 있었기 때문이다.

브룩스는 안정화Stability였고, 호카는 쿠션화Neutral였다. AI는 이 정보를 바탕으로 사용자의 니즈(무릎 보호)에 브룩스가 더 적합하다고 판단했다. 검색 순위에서는 4위였지만, 증강 단계에서 2위로 역전한 것이다.

세 번째 관문: G^{Generation} – 생성에서 인용되어야 한다

검색하고 증강한 정보를 바탕으로, AI는 비로소 최종 답변을 생성한다. 이 단계에서 AI는 단순히 검색 결과를 나열하는 앵무새가 아니다. 정보를 종합하고, 재구성하며, 사용자의 질문 의도에 딱 맞는 형태로 답변을 새롭게 창조한다.

KapGPT의 최종 답변을 다시 보자. AI는 5개의 검색 결과를 종합해 3개의 브랜드를 추천했다. 1위 아식스, 2위 브룩스, 3위 뉴밸런스. 흥미로운 점은 검색 결과 문서에서 호카가 브룩스보다 더 많이 언급되었음에도, 최종 순위에서는 브룩스가 앞섰다는 것이다.

이것은 AI가 단순히 '언급 빈도Frequency' 순서대로 줄 세우지 않는다는 뜻이다. AI는 맥락 적합성^{Relevance}을 최우선으로 판단한다. 브룩스가 무릎 보호에는 안정화라는 맥락과 강력하게 연결되어 있었기에, AI는 이 제품을 더 적합한 해답으로 채택했다.

왜 AI는 이런 판단을 내렸을까? 시스템 프롬프트에 "사용자의 구체적인 니즈와 상황에 맞는 제품을 우선 추천하라"는 지시가 있었기 때문이다. 만약 다른 답변 엔진이 "가장 인기 있는 제품을 추천하라"는 프롬프트를 가지고 있었다면, 결과는 달라졌을 것이다.

그렇다면 '많이 언급되는 것'은 중요하지 않은가? 그렇지 않다. 에단 스미스는 이렇게 덧붙인다.

"구글에서는 파란색 링크[65] 하나가 1위에 뜨면 이기는 게임이었습니다. 하지만 LLM은 다릅니다. LLM은 여러 출처의 내용을 종합하고 요약하기 때문에, 가능한 한 많은 곳에서 언급되어야 신뢰도를 얻습니다."[35]

종합하자면, AI 답변의 상위에 오르기 위해서는 두 가지 조건이 필요하다. 첫째, 여러 소스에서 널리 언급되어야 한다(양). 둘째, 사용자의 니즈와 정확히 연결되는 맥락에서 언급되어야 한다(질). 브룩스는 언급 횟수(양)에서는 밀렸지만, '무릎 보호'라는 맥락(질)에서 더 강력하게 연결되어 있었기에 역전에 성공했다.

---

65 파란색 링크(Ten Blue Links): 검색 엔진이 검색 결과 페이지(SERP)에 제공하는 전통적인 웹페이지 목록을 의미. 검색어와 관련된 웹사이트 제목이 파란색 하이퍼링크로 나열되던 초기 인터페이스에서 유래한 용어로, 개별 사이트로의 클릭을 유도해 트래픽을 선점하는 전통적인 SEO의 핵심 공략 대상을 상징함.

시스템 프롬프트는 답변 엔진마다 제각각이고, 시시각각 변한다. 그 블랙박스를 우리가 완벽히 훔쳐볼 수는 없다. 하지만 흔들리지 않는 기준은 있다. 바로 '플랫폼의 본질적인 욕망'이다.

고객이 원하는 것을 넘어 플랫폼이 원하는 것을 동시에 읽어야 한다. 플랫폼이 원하는 것은 명확하다. 사용자가 AI의 답변에 만족하고, 그 만족이 실제 거래로 이어지는 것이다.[36]

엉뚱한 추천은 이탈을 낳지만, 정확한 추천은 결제를 낳는다. 결국 우리가 콘텐츠에 정교한 맥락을 심는 행위는, AI가 헤매지 않고 거래를 성사시키도록 돕는 일이다. 플랫폼은 결국 자신에게 이득을 주는 브랜드를 선택한다. 이것이 복잡한 알고리즘 너머에 있는, 변하지 않는 브랜드의 생존 법칙이다.

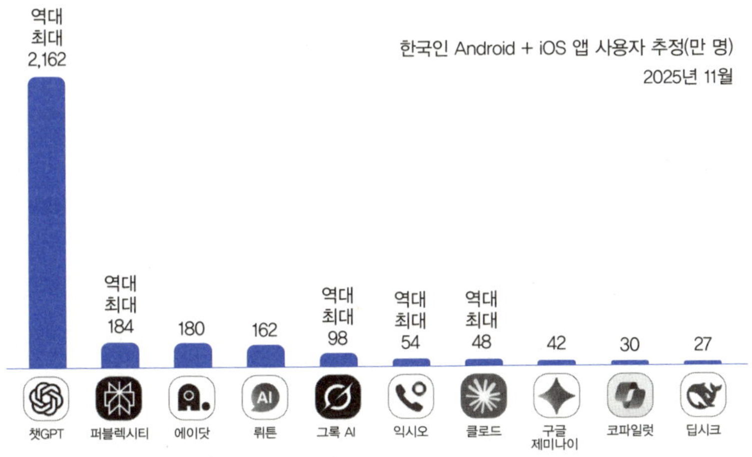

AI 춘추전국시대,
답변 엔진마다
입맛이 다르다

앞서 우리는 RAG의 세 관문(검색-증강-생성)을 통과하는 원리를 파악했다. 이제 현실적인 질문을 던질 차례다. 도대체 어떤 AI를 공략해야 하는가?

앱 분석 업체 와이즈앱·리테일이 스마트폰 사용자를 표본 조사한 결과,[37] 2025년 11월 챗GPT의 월간 활성 사용자MAU[66]는 무려 2,162만 명을 기록했다. 이는 국내 스마트폰 사용자의 절반에 육박하는 수치로, 챗GPT가 사실상 국민 앱의 반열에 올랐음을 증명한다.

2위권 싸움도 치열하다. 검색에 특화된 퍼플렉시티(184만 명)는 에이닷(180만 명)과 뤼튼(162만 명)을 제치고 2위 그룹의 선두로 올

---

66 월간 활성 사용자(MAU, Monthly Active Users): 한 달 동안 해당 서비스를 실제로 1회 이상 이용한 순수 사용자의 수로, 플랫폼의 영향력을 가늠하는 가장 대표적인 지표.

라섰다. 그 뒤를 그록(98만 명)이 잇고 있으며, 구글의 야심작인 제미나이는 42만 명으로 8위에 머물러 있다. 숫자만 보면 답은 간단해 보인다. "압도적 1등인 챗GPT에 올인하면 끝나는 것 아닌가?"

답부터 말하자면, 그렇지 않다. 미래의 패권은 아무도 장담할 수 없기 때문이다. 구글의 제미나이는 버전 3.0 출시 이후에 빠르게 점유율을 높여가고 있으며, 앱이 아닌 안드로이드 운영체제 레벨에서 서비스가 통합될 수 있다는 차별점으로 차원이 다른 사용자 경험을 만들어가고 있다. 판도는 언제든 순식간에 뒤집힐 수 있다. 퍼플렉시티 또한 검색 특화 모델을 앞세워 전년 대비 370%라는 폭발적인 성장세를 기록 중이다.

따라서 우리가 취해야 할 전략은 명확하다. 첫째, 주요 AI 플랫폼 전반에 최소한의 존재감Base Camp을 확보한다. 둘째, 데이터를 통해 성과를 추적하고, 실제 효과가 나타는 플랫폼에 리소스를 집중하는 유연한 베팅을 한다. 전략의 성공 여부는 각 플랫폼의 서로 다른 문법을 얼마나 정교하게 이해하느냐에 달려 있다. 각 AI 플랫폼은 서로 다른 소스를 신뢰하고, 서로 다른 입맛을 가지고 있기 때문이다.

구글 SEO만으로는 부족하다

에단 스미스에 따르면, 챗GPT의 인용 출처와 구글 검색 결과가 겹치는 비율은 약 35%에 불과하다. 다시 말해, 구글 검색에서 1위를 한다고 해서 챗GPT 답변에 등장한다는 보장이 없다는 뜻이다. 실제로 챗GPT가 참조하는 정보 중 65%는 구글 상위 결과가 아닌 다른 곳에서 온다. 이 격차는 시간이 지날수록 더 벌어질 것이다.[38]

이 변화의 배경에는 오픈AI의 전략적 행보가 있다. 오픈AI는 2024년 6월, 실시간 데이터 검색 기업 록셋[Rockset]을 인수하며 자체 검색 인프라 구축에 나섰다. 이는 구글 검색에 대한 의존을 줄이고, 독자적인 검색 생태계를 만들겠다는 선전포고다. 이제 구글 SEO에만 올인하는 전략은 반쪽짜리 정답이 되었다.

세 개의 왕국, 세 가지 식성

브랜드 정보 관리 플랫폼 엑스트[Yext]가 680만 건의 AI 인용을 분석한 결과[39]는 플랫폼별 차이를 적나라하게 보여준다.

제미나이는 "브랜드가 직접 한 말을 믿는다". 제미나이 인용의 52.15%는 브랜드의 공식 웹사이트에서 나온다. 즉, 제미나이를 공략하려면 무엇보다 자사 홈페이지 관리가 최우선이다. 스키마 마크업[67], 명확한 제품 설명, 잘 정리된 FAQ[68] 페이지가 핵심이다.

---

67 스키마 마크업(Schema Markup): 검색 엔진이 웹페이지의 내용을 명확히 이해하도록 돕는 표준화된 코드. 텍스트에 '이것은 제품 가격', '이것은 별점' 같은 의미표(Tag)를 달아주는 역할을 함.

68 FAQ(Frequently Asked Questions): 직역하면 자주 묻는 질문들이지만, AEO 관점에서는 고객의 결핍(Pain Point)과 AI의 사고 회로(Q&A)를 연결하는 강력한 데이터 단위를 의미하기도 함.

챗GPT는 "대중의 합의를 믿는다". 챗GPT는 인터넷이 동의하는 정보를 신뢰한다. 옐프[Yelp], 트립어드바이저[Tripadvisor] 같은 리뷰 사이트, 그리고 레딧[Reddit]이나 위키피디아 같은 사용자 생성 콘텐츠[UGC][69]를 선호한다. 브랜드가 "우리 제품이 최고"라고 외칠 때, 챗GPT는 레딧에서 유저들이 "이 제품이 쓸 만하다"라고 실제로 이야기한 내용을 가져간다.

퍼플렉시티는 "전문가와 권위를 믿는다". 퍼플렉시티는 업계 전문가의 리뷰와 전문 디렉토리[70]를 선호한다. 의료 분야라면 작닥[Zocdoc], 여행이라면 트립어드바이저 같은 버티컬 플랫폼[71]이 주요 소스다. 해당 업종에서 권위 있는 플랫폼에 당신의 브랜드가 등록되어 있는지가 관건이다.

요약하자면 이렇다. 제미나이는 공식[Official]을, 챗GPT는 여론[Consensus]을, 퍼플렉시티는 권위[Authority]를 신뢰한다. 같은 질문에도 AI마다 전혀 다른 브랜드를 추천하는 이유가 바로 여기에 있다.

단순한 고객 응대 차원을 넘어, AI가 신뢰할 수 있는 정보를 추출해 가는 핵심 소스.

69 사용자 생성 콘텐츠(UGC, User Generated Content): 기업이 아닌 일반 사용자가 자발적으로 제작하여 인터넷에 올리는 모든 콘텐츠. 댓글, 리뷰, 블로그 게시물, 유튜브 영상 등이 해당됨.

70 전문 디렉토리(Professional Directory): 특정 산업이나 직업군에 속한 기업 및 전문가의 정보를 체계적으로 분류해 놓은 목록이나 웹사이트. 해당 분야의 신뢰할 수 있는 정보를 카테고리별로 정리해 두어 AI가 권위 있는 소스로 인식하기 쉬움.

71 버티컬 플랫폼(Vertical Platform): 모든 정보를 폭넓게 다루는 종합 포털과 달리, 특정 산업이나 관심사 등 좁고 깊은 분야에 집중하는 서비스. 의료(작닥), 숙박(에어비앤비), 채용(링크드인)처럼 특정 영역에서 전문적인 정보와 사용자 경험을 제공함.

한국의 거대한 성벽: 네이버와 쿠팡

AI의 성향 차이를 이해했다면, 이제는 플랫폼의 생존 전략을 살펴볼 차례다. 앞서 언급했듯 현재 글로벌 시장은, 아마존처럼 문을 걸어 잠그는 폐쇄형 전략과 쇼피파이나 월마트처럼 문을 여는 개방형 전략으로 나뉘어 치열한 전쟁 중이다. 아마존은 AI 크롤러[72]를 차단해 자신들의 데이터를 독점하려 하고, 월마트는 챗GPT와 손잡고 외연을 확장하고 있다.

그렇다면 한국 시장은 어떠한가? 한국의 두 메이저 플레이어인 네이버와 쿠팡은 아마존 모델, 즉 '폐쇄형 전략'을 채택하고 있다.

네이버는 한국 데이터의 최대 창고이지만, 외부 AI에게는 난공불락의 요새다. 퍼플렉시티를 제외하곤 챗GPT나 제미나이는 네이버 블로그, 카페, 지식iN의 데이터를 원활하게 긁어가지 못한다(자세한 내용은 Chapter 5 참조). 네이버가 자체 AI 하이퍼클로바X를 보호하고 데이터 주권을 지키기 위해 크롤링을 제한하기 때문이다. 쿠팡 역시 마찬가지다. 정교한 차단 시스템으로 AI 봇의 접근을 막는다. AI가 쿠팡의 상품 정보나 리뷰를 대규모로 안정적으로 수집하는 것은 현실적으로 어렵다. 다만 최근 공개적으로 노출된 일부 상품 정보가 답변 결과에 포함되는 것은 확인이 되고 있다.

---

72 크롤러(Crawler): 웹사이트를 자동으로 돌아다니며 데이터를 수집하고 색인(Index)하는 소프트웨어 프로그램. 스파이더(Spider)나 봇(Bot)이라고도 불림.

이것은 한국 브랜드에게 양날의 검이다. 네이버와 쿠팡이라는 성벽 내부에서는 피 튀기게 경쟁하지만, 정작 성벽 밖인 글로벌 AI 답변 엔진의 세계에서는 당신의 브랜드가 노출될 기회조차 얻지 못할 위험이 존재한다.

성벽 밖에서 살아남는 법: 한국 브랜드의 대안

우리는 선택해야 한다. 닫힌 성벽 안에서만 경쟁할 것인가, 아니면 성벽을 넘어 AI가 자유롭게 드나드는 열린 인터넷에 깃발을 꽂을 것인가? 한국 브랜드가 글로벌 AI의 선택을 받기 위해 당장 공략 가능한 실질적인 대안은 다음과 같다.

첫째, 나무위키Namuwiki다. 크롤링이 허용되는 몇 안 되는 한국어 개방형 데이터베이스다. 브랜드나 제품에 대한 나무위키 문서를 정확하게 관리한다면, AI 답변에 인용될 확률이 비약적으로 높아진다.

둘째, 유튜브다. 영상 그 자체보다 설명(디스크립션[73])과 자막(트랜스크립트[74])이 핵심이다. AI는 영상을 보지 않고 읽는다. 제품 리뷰

---

73 디스크립션(Description): 유튜브 영상 하단에 위치한 설명란. 영상의 줄거리, 타임라인, 관련 링크 등을 포함하며 AI가 영상의 주제와 맥락을 파악할 때 가장 먼저 훑어보는 메타데이터 영역을 의미함.

74 트랜스크립트(Transcript): 영상 속 음성 정보를 텍스트로 변환한 자막 파일 혹은 스크립트. 유튜브는 이를 자동으로 생성하지만, 브랜드가 직접 정교하게 편집한 자막을 등록하면 AI가 영상의 세부 내용을 오차 없이 학습하는 핵심 소스가 됨.

나 설명 영상에 정확한 자막을 달아두면, AI는 이를 텍스트 데이터로 학습해 답변의 근거로 활용한다.

셋째, 오픈형 블로그와 웹사이트다. 티스토리, 브런치, 워드프레스 등 구글 검색에 친화적인 외부 플랫폼을 적극 활용해야 한다. 이곳에 발행된 콘텐츠는 글로벌 AI가 기술적으로도, 정책적으로도 쉽게 수집할 수 있다.

마지막으로, 영문 콘텐츠다. 가장 강력하지만 간과되는 전략이다. 챗GPT 학습 데이터의 92%는 영어다. 한국어는 0.19%에 불과하다. 한국 브랜드라도 영문 웹사이트나 영문 블로그를 운영하면, 챗GPT나 퍼플렉시티의 눈에 띌 확률이 수백 배 높아진다.

소셜 미디어: AI가 읽는 곳과 못 읽는 곳

소셜 미디어라고 다 같은 것은 아니다. 핵심 기준은 'AI가 읽을 수 있는가'다. 레딧은 AI 인용률의 제왕이다. 퍼플렉시티 인용의 46.7%, 챗GPT의 11.3%가 레딧에서 나온다. 유튜브 역시 영상 그 자체보다 텍스트(설명과 자막) 기반으로 높은 인용률을 보인다. 링크드인LinkedIn은 비교적 긴 호흡의 텍스트가 많아 인용 가능성이 높다. 반면 인스타그램Instagram은 이미지 중심이라 AI 인용 가능성이 매우 낮다. [40]

결론: 하나의 정답은 없다, 유연함이 생존이다

정리하자면, AI 시대의 브랜드 가시성은 단일 플랫폼 최적화로 해결되지 않는다. 제미나이를 위해서는 공식 홈페이지를 다듬고, 챗GPT를 위해서는 커뮤니티 여론을 관리해야 하며, 퍼플렉시티를 위해서는 전문 매체와 권위 있는 디렉토리에 이름을 올려야 한다. 한국 시장에서는 네이버와 쿠팡이라는 성벽 안과 밖을 동시에 공략하는 이원화 전략이 필수다.

지금은 아직 승자가 결정되지 않은 춘추전국시대다. 이 시점에서 마케터가 해야 할 일은 무모한 예측이 아니라 유연한 대응이다. 모든 주요 길목에 씨앗을 뿌려두고, 어디에서 싹이 트는지를 예민하게 관찰해야 한다.

하지만 단순히 여러 플랫폼에 발을 걸치는 것만으로는 부족하다. 플랫폼의 다양성 너머에는 더 본질적인 지각변동이 일어나고 있기 때문이다. 우리가 오랫동안 믿어왔던 검색SEO의 성공 방정식은 사실상 유효기간이 끝났다. 클릭을 얻기 위해 경쟁하던 시대는 저물고, AI의 추천을 통해 구매가 확정되는 시대가 오고 있다.

우리는 지금, 마케팅의 문법 자체가 바뀌는 거대한 패러다임의 전환 앞에 서 있다. 이 혼란 속에서 우리의 브랜드가 살아남기 위한 구체적인 전략과 예산 규모별 생존 로드맵은 과연 무엇인가? 이제 그 새로운 전략 지도를 펼쳐볼 차례다.

CHAPTER 3

전략 | SEO vs AEO

: 패러다임의 전환

클릭을 파는 SEO,
구매를 이끄는 AEO

과거의 성공 방정식이 무너졌다는 사실보다 우리를 더 긴장하게 만드는 것은 그 변화의 속도다. 고객이 정보를 찾고 머무는 터전이 검색 엔진에서 AI 플랫폼으로 급격히 이동하고 있다. 우리가 미처 대비할 틈도 주지 않을 만큼 빠른 속도다.

SEO 컨설팅 회사 프리비저블Previsible의 「AI 트래픽 리포트」[41]는 이 변화를 데이터로 증명한다. 19개 웹사이트의 구글 애널리틱스 데이터를 분석한 결과, 챗GPT, 퍼플렉시티, 제미나이 같은 AI 플랫폼에서 유입된 트래픽이 2024년 대비 527%나 폭증했다.

특히 분석 대상이었던 19개 웹사이트 중 가장 압도적인 성과를 기록한 곳의 수치를 보면 변화의 속도는 더욱 매섭다. 2024년 초월 600회 수준에 머물렀던 웹사이트의 챗GPT발 유입량은 2025년 5월에는 22,000회까지 치솟으며, 불과 1년여 만에 37배라는 기록적인 성장을 달성했다. 이는 전략적으로 대응한 브랜드가 AI 생태계에서 얼마나 폭발적인 트래픽을 선점할 수 있는지 보여주는 단적인 지표다.

이러한 변화의 물결은 국내 시장에서도 이미 선명하게 포착되고 있다. AI 데이터 구축 및 LLM/RAG 평가를 전문으로 하는 강소기업 텍스트넷Textnet의 성과가 그 증거다. 우리가 직접 진행한 텍스트넷 관계자 인터뷰에 따르면, LG전자와 국민은행 등 대형 기업을 고객사로 둔 이들은 임직원 50명 미만의 규모임에도 불구하고 AI 생태계 내에서 압도적인 존재감을 만들어가고 있었다. 2025년 초반까지만 해도 생성형 AI를 통한 웹사이트 유입은 사실상 전무한 수준이었지만, 인터뷰 시점인 2026년 1월 기준 불과 1년 만에 관련 트래픽이 10배 이상 증가하는 뚜렷한 변화를 확인할 수 있었다.

아직 전체 트래픽에서 AI가 차지하는 비중은 작다. 대부분의 웹사이트에서 1% 미만이다. 그러나 법률, 금융, 헬스케어, SaaS(서비스형 소프트웨어)[75]처럼 전문가의 판단과 조언이 필요한 산업에서는 이미 1%를 넘어선 곳들이 속속 등장하고 있다. 왜 하필 이 산업들일까? 사람들이 AI에게 단순한 정보를 넘어 복잡한 맥락의 질문을 던지기 시작했기 때문이다. "이 계약서에 서명하기 전에 변호사

---

75 서비스형 소프트웨어(SaaS, Software as a Service): 사용자가 소프트웨어를 PC에 직접 설치하지 않고, 인터넷(클라우드)을 통해 접속해 이용하는 서비스 방식. 프로그램을 영구 소유하는 대신, 넷플릭스처럼 월/연 단위로 구독해 사용하는 것이 특징. (예: 슬랙, 노션, 구글 워크스페이스 등)

에게 무엇을 확인해야 할까?", "고혈압 약과 이 영양제를 함께 복용해도 괜찮을까?" 같은 질문들이다.

여기서 중요한 건 이 트래픽의 성격이다. AI에서 넘어온 방문자들은 이미 '무엇을 살지' 거의 결정한 상태다. 이들은 비교하고 검토하기 위해 온 것이 아니라, 최종 확인을 위해 클릭한 사람들이다. 마케팅 퍼널의 맨 아래, 구매 직전 단계에서 유입되는 진성 고객들이다.

마케팅 퍼널의 붕괴: 검색, 클릭, 비교가 사라지다

SEO 시대의 구매 여정은 길고 지루했다. 소비자는 문제를 인식하고(인지), 관심을 갖고(관심), 검색하고(검색), 여러 링크를 클릭하며(탐색), 수십 개의 브라우저 창을 오가며 정보를 대조하고(비교), 마침내 구매한다(전환). 마케터는 이 긴 여정의 길목마다 블로그, 랜딩페이지, 리타겟팅 광고를 배치해 고객을 붙잡아야 했다.

하지만 AEO 시대의 구매 여정은 다르다. 소비자가 "슬라이스 안 나는 골프 드라이버 추천해줘"라고 물으면, AI는 노련한 매장 매니저처럼 응대한다. 단순히 모델 하나만 언급하는 게 아니다.

"관용성(안정감)을 원하신다면 핑PING G430 MAX를, 비거리까지 함께 잡고 싶다면 캘러웨이 패러다임을 비교해보세요."

AI는 두 모델의 스펙을 비교하고, 각 브랜드 특유의 헤드 디자인 사진을 띄워준다. "핑은 헤드가 넓어 어드레스가 편안하고, 캘러웨이는 날렵합니다. 타구감으로 치면 핑은 묵직한 세단, 캘러웨이는 반응이 빠른 스포츠카에 가깝습니다."

마치 자동차를 고르듯 성능과 디자인, 감성까지 검증을 마친 소비자는 더 이상 블로그를 헤매지 않는다. "이 두 개 시타해보고 결정할게"라며 곧장 매장으로 향한다. 이미 구매 결심은 끝났고, 시타는 결제를 위한 마지막 확인 절차일 뿐이다. 수십 시간이 걸리던 검색과 비교의 노동은 증발했고, 오직 구매라는 결과만 남았다.

챗GPT의 인스턴트 체크아웃, 퍼플렉시티의 인스턴트 바이 기능은 이 변화를 더욱 가속화한다. 사용자가 커머스 에이전트와의 대화창 안에서 상품을 추천받고, 그 자리에서 바로 결제까지 마친다. 웹사이트를 방문할 필요조차 없다. 트래픽 없는 전환, 클릭 없는 구매가 일상이 되고 있다.

Lost in the Middle: AI는 중간을 기억하지 못한다

여기서 반드시 기억해야 할 중요한 연구가 있다. 바로 스탠퍼드대학교의 「중간에서의 소실Lost in the Middle」 논문이다.[42] 연구진은 GPT-3.5, 클로드 등 여러 AI 모델에게 20개의 문서를 주고 나서 질문에 답하게 했다. 정답이 담긴 문서의 위치를 바꿔가며 성능을 측정했더니, 흥미로운 패턴이 발견되었다.

AI는 처음과 끝에 있는 정보는 잘 활용했지만, 중간에 있는 정보는 제대로 인지하지 못했다. 정답이 첫 번째나 스무 번째 문서에 있을 때는 정확도가 75%를 넘었지만, 열 번째 문서에 있을 때는 55%까지 곤두박질쳤다. 심지어 일부 모델은 아무 문서도 주지 않았을 때, 즉 자체 지식으로 답할 때보다 성능이 더 낮았다.

이 현상은 인간의 심리학에서 말하는 서열 위치 효과[76]와 놀랍도록 유사하다. 인간은 목록의 처음(초두 효과)과 끝(최신 효과)을 가장 잘 기억한다. AI도 마찬가지였다.

이 연구가 우리에게 던지는 메시지는 섬뜩하다. 당신의 브랜드 정보가 AI가 읽는 문서들 중에서 어정쩡한 중간에 묻혀 있다면, 선택받지 못할 가능성이 매우 높다는 것이다. SEO에서는 1위가 아니어도 첫 페이지에만 있으면 클릭을 받을 수 있었다. 하지만 AEO에서는 AI가 선택하는 최상위권에 들거나, 아예 마지막에 강력한 인상을 남겨야 한다. 이것은 순위 싸움이 아니라 생존 게임이다.

KPI[77]의 전환: 트래픽에서 언급으로

앞서 말했듯 SEO 시대의 KPI는 명확했다. 월간 트래픽, 세션

---

76 서열 위치 효과(Serial Position Effect): 정보가 제시되는 순서에 따라 기억에 남는 정도가 달라지는 현상. 주로 처음(초두 효과)과 끝(최신 효과)을 가장 잘 기억하는 반면, 중간은 잊기 쉬움.

77 핵심 성과 지표(KPI, Key Performance Indicator): 목표 달성 수준을 측정하기 위해 설정하는 정량적인 기준으로 AEO에서는 언급률, 브랜드 검색량 등이 해당.

수, 체류 시간, 이탈률. 모두 얼마나 많은 사람이 당신의 웹사이트에 와서 머물렀는가를 측정하는 지표들이다. 하지만 고객이 당신의 웹사이트에 발을 들이기도 전에 AI와 대화하며 제품을 추천받고, 그 대화창 안에서 곧장 결제까지 마쳐버린다면 어떻게 될까? 이제 웹사이트 트래픽은 더 이상 브랜드의 성공을 보증하는 절대적인 지표가 아니다.

AEO 시대에는 새로운 KPI가 필요하다. AI 답변에서의 모델 점유율[78], 추천 순위, 맥락 적합성, 인용 빈도. 이 지표들은 아직 표준화되지 않았고 측정 도구도 부족하다. 하지만 프리비저블 리포트가 지적했듯, "측정이 완벽해질 때까지 기다리면 이미 파도는 지나가고 없다."

지금 당장 시작할 수 있는 것들이 있다. 구글 애널리틱스에서 AI 플랫폼 유입 트래픽을 별도로 분류하여 모니터링하라. 브랜드 검색량이 급등했다면 AI 노출과 연관이 있는지 역추적하라. 챗GPT나 퍼플렉시티에 주요 키워드를 직접 물어보고, 당신의 브랜드가 언급되는지 눈으로 확인하는 것이 가장 확실한 출발점이다.

---

78 모델 점유율(Share of Model): 기존의 검색 점유율(Share of Search)을 AI 시대로 확장한 개념. 특정 카테고리나 질문에 대해 AI가 생성한 답변 중에서 우리 브랜드가 얼마나 자주 언급되는지를 나타내는 지표. 검색 결과 1위보다 AI의 추천 목록에 포함되는 것이 더 중요해진 시대의 핵심 성과 지표(KPI).

두 가지 전략 경로: 안에서 끝내거나, 밖에서 부르거나

AI 시대의 커머스 전략은 크게 두 가지 경로로 나뉜다. 첫 번째는 AI 플랫폼 내에서 구매를 완결시키는 방식이다. 챗GPT는 2025년 10월 Apps SDK를 공개하여 브랜드가 챗GPT 내에서 결제까지 처리할 수 있는 환경을 열었다. 구글 역시 2025년 9월 AP2Agent Payments Protocol[79]를 발표하고 마스터카드 등 60여 개 글로벌 기업의 참여를 이끌어냈다.

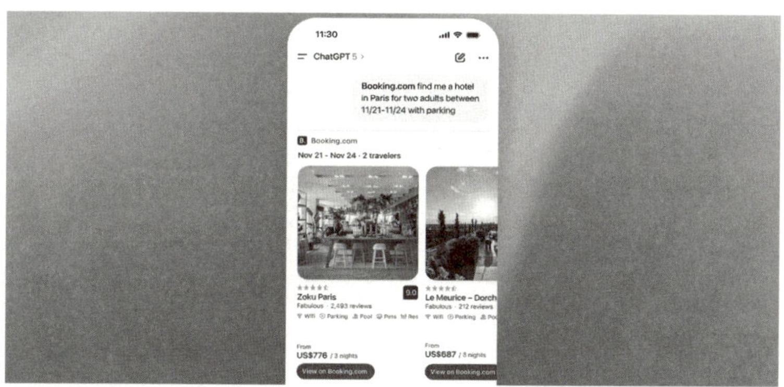

사진 출처: 챗GPT 내에서 부킹닷컴(Booking.com)을 통해 여행을 예약하는 데모 화면

자사 제품 결제를 커머스 에이전트에 통합시키면, 기존의 [사이트 방문 → 회원가입 → 장바구니 → 결제]라는 긴 여정이 [대화 → 구매]라는 단 한 단계로 압축된다. 이탈 포인트 자체가 사라지는

---

79 AP2(Agent Payments Protocol): 구글이 제안한 AI 결제 표준 프로토콜. AI 에이전트가 사용자를 대신해 안전하고 간편하게 결제를 수행할 수 있도록 지원하는 기술 규약.

혁명이다.

두 번째는 AI가 추천한 뒤, 고객이 당신의 사이트로 이동해 구매하는 방식이다. 기존 이커머스 흐름과 유사하지만, 유입 경로가 '검색 결과 클릭'에서 '답변 엔진의 강력한 추천'으로 바뀌었다는 점이 다르다.

현실적으로 첫 번째 경로에는 기술적 장벽이 있다. 오픈AI의 SDK나 구글의 AP2를 자사 몰과 연동하려면 상당한 개발 리소스가 필요하다. 자체 개발팀이 없다면, 카페24나 고도몰 같은 플랫폼이 AI 커머스 연동을 지원할 때까지 기다려야 할 수도 있다. 중요한 것은 이 흐름을 읽고, 당신의 브랜드에 맞는 타이밍을 판단하는 것이다.

그러나 이 장벽을 뒤집어 보면 기회가 보인다. 기존 이커머스 환경에서 작은 브랜드는 대형 브랜드의 자본력과 인지도를 이기기 어려웠다. 그런데 AI 플랫폼 내 결제가 보편화되면 상황은 달라진다. AI가 추천하는 순간, 대형이든 소형이든 브랜드의 크기와 상관없이 모두가 동등한 출발선에 선다. "처음 들어보는 브랜드인데?"라는 의심은 "AI가 내 상황에 맞춰 추천했으니까"라는 신뢰로 대체된다. 오히려 몸집이 가벼운 작은 브랜드가 AI 결제를 먼저 도입해 대형 브랜드를 역전할 가능성도 있다.

이제 브랜드에게 남은 과제는 단 하나, 확신을 주는 일이다. "정말 나한테 맞을까?", "이 사이트는 믿을 만할까?", "배송은 제때 올까?" 유입된 고객이 품고 있는 이 마지막 의문만 현명하게 해소해 준다면, 결제는 자연스럽게 일어난다. 이제 웹사이트는 더 이상 화려한 유혹의 공간이 아니라, AI가 보내준 신뢰를 실수로 바꾸지 않는 검증의 공간이 되어야 한다.

그래서 AI 시대의 랜딩 페이지는 달라져야 한다. 구구절절한 제품 설명보다는 왜 이 제품이 고객에게 정답인지를 명확히 보여줘야 한다. 리뷰와 사회적 증거[80]를 눈에 띄게 배치하라. 복잡한 구매 과정은 금물이다. 이미 마음을 정한 고객에게는 빠르고 간결한 결제 경험이 최고의 서비스다.

SEO 시대에는 방문자를 단계마다 끊임없이 설득해야 했다. AEO 시대에는 방문자에게 마지막 확신만 주면 된다. 어떻게 보면 게임은 더 단순해졌다. 역설적이게도 AEO 시대에는 웹사이트 트래픽이 줄어도 매출은 늘 수 있다. AI가 대신 설명하고, 비교하고, 추천까지 해주기 때문이다. 그 결과 소비자가 당신의 웹사이트를 방문할 이유는 줄어든다. 하지만 AI가 당신의 브랜드를 강력하게 추천한다면, 실질적인 구매는 폭발할 수 있다.

이 변화를 읽지 못하면 위험한 착각에 빠진다. 트래픽이 줄었으니 문제가 있다며, 낡은 SEO에 예산을 쏟아붓는 것이다. 물론 SEO는 여전히 중요하다. AI 역시 웹에서 정보를 가져오기 때문이

---

80 사회적 증거(Social Proof): 다른 사람들의 행동이나 평가(리뷰, 평점, 구매 수 등)를 근거로 자신의 결정이 옳다고 확신하려는 심리적 현상.

다. 하지만 이제 SEO만으로는 부족하다. 트래픽을 늘리는 것이 아니라, AI에게 선택받는 것이 목표가 되어야 한다.

SEO는 클릭을 파는 게임이었다. 그러나 AEO는 구매를 이끄는 게임이다. 게임의 규칙이 바뀌면, 승리의 문법도 바뀌어야 한다.

SEO는 모두에게 1등, AEO는 당신에게만 1등

2024년 11월, 마이크로소프트 이그나이트^{Microsoft Ignite} 기조연설에서, 사티야 나델라^{Satya Nadella} CEO는 AI의 미래를 단순한 챗봇이 아닌 에이전트로 정의했다. 그는 AI가 사용자의 맥락을 깊이 이해하고, 이메일과 채팅 등 다양한 채널의 대화를 통합해 처리하게 될 것이라 강조했다. 특히 주목할 점은 사용자가 요청하기 전에 문제를 해결하는 선제적 대응이었다. 매주 같은 품목을 주문하는 고객이라면, AI가 주문 시점을 예측해 먼저 제안하는 식이다. 이것이 바로 다가오는 '맥락의 시대'를 관통하는 핵심이다.[43]

구글이나 네이버에서 '러닝화 추천'을 검색해 보자. 서울의 20대 마라토너가 검색하든, 부산의 50대 주말 러너가 검색하든 결과는 비슷비슷하다. 화면 상단에는 나이키 페가수스, 아식스 젤 카야노 같은 베스트셀러가 나란히 뜬다. 검색량, 백링크, 도메인 권위[81]

같은 정량적 지표가 순위를 결정하기 때문이다. SEO의 본질은 명확하다. '모든 사람에게 1등'이 되는 것이다. 당신이 누구인지는 크게 중요하지 않다. 검색어만 같으면 결과도 같다.

하지만 AI 플랫폼에서는 이야기가 다르다. 챗GPT나 퍼플렉시티에게 같은 질문을 던지면, AI는 곧바로 답하지 않고 되묻는다. "운동 경력은 어떻게 되세요? 무릎이나 발목에 불편함은 없으신가요?" 대화가 이어질수록 AI는 사용자의 맥락을 축적한다. 만약 질문자가 체중이 많이 나가는 초보 러너라면? AI는 나이키 대신 브룩스 아드레날린 GTS나 아식스 젤 카야노처럼 안정성이 뛰어난 신발을 추천한다. 과체중 러너에게는 충격 흡수와 발목 지지력이 최우선이라는 것을 알기 때문이다. 같은 질문, 다른 답변. SEO의 세계에서는 불가능했던 장면이다. AEO의 본질은 단 하나, '당신에게만 1등'이 되는 것이다.

AI는 어떻게 나를 기억하는가: 슬립 타임 컴퓨트[82]

이 극적인 차이는 기술적 구조의 변화에서 비롯된다. 2025년 4월,

---

81 도메인 권위(Domain Authority): 검색 엔진이 웹사이트의 신뢰도를 평가하는 점수. 기존 SEO에서는 이 점수가 높을수록 상위 노출에 유리했음.

82 슬립 타임 컴퓨트(Sleep—time Compute): 사용자가 AI를 사용하지 않는 유휴 시간 동안 시스템이 이전에 입력된 데이터를 분석하고 미래의 질문을 예측해 두어, 실제 답변 속도와 정확도를 높이는 최적화 기술.

UC 버클리와 레타^{Letta} 연구팀은 슬립 타임 컴퓨트라는 논문을 발표했다.[44] 핵심은 단순하다. AI가 노는 시간을 활용한다는 점이다.

기존 AI는 사용자가 질문을 던져야만 비로소 연산을 시작했다. 질문과 맥락을 동시에 처리해야 했기에, 실시간 부하가 클 수밖에 없었다. 하지만 실제 애플리케이션 환경에서는 이전 대화 기록이나 사용자 프로필 같은 맥락이 이미 존재한다. 슬립 타임 컴퓨트는 사용자가 시스템을 이용하지 않는 유휴 시간^{Sleep-time}에 이 맥락을 미리 소화해 둔다. AI가 '다음에는 무릎 보호대를 물어볼 수도 있겠군'이라며 유용한 추론을 미리 해두는 것이다.

연구팀의 실험에 따르면, 이 방식은 동일한 정확도를 달성하는 데 필요한 실시간 연산량을 약 5배나 줄였다. 결과는 명확하다. 더 빠르고, 더 정확하며, 무엇보다 더 개인화된 답변이 가능해진 것이다.

앞서 Chapter 2에서 AI 답변 생성의 4대 요소로 시스템 프롬프트, 검색 문서, 사용자 질의, 그리고 메모리를 꼽았다. 슬립 타임 컴퓨트는 그중에서도 이 메모리를 극대화하는 기술이다. AI는 단순히 과거 데이터를 저장하는 것을 넘어, 당신의 맥락을 바탕으로 아직 하지 않은 질문까지 예측한다. 과체중 초보 러너에게 러닝화를 추천하면서 "무릎 충격 완화를 위해 쿠션이 중요합니다"라는 조언을 자연스럽게 덧붙일 수 있는 이유다.

러닝화만의 이야기가 아니다. 발리 여행을 예로 들어보자. 구글 검색 결과는 발리 명소 10선, 발리 맛집 리스트처럼 누구에게나 통용되는 정보로 채워진다. 조회수 경쟁에서 승리한 콘텐츠들이다.

반면 AI에게 "발리 여행 계획 좀 짜줘"라고 하면 대화가 시작된다. "아이 동반인가요? 휴양 위주인가요?" 두 아이를 둔 가족 여행객임이 파악되면, AI는 인스타그램 핫플레이스 대신 '키즈풀이 있고 이동 동선이 짧은 리조트'를 추천한다.

금융도 마찬가지다. '적금 추천'을 검색하면 구글은 금리 순위표를 보여준다. 하지만 AI는 묻는다. "목표가 무엇인가요? 중도 인출 가능성이 있나요?" 3년 뒤 결혼 자금을 모으는 사회초년생에게는 단순 고금리 상품보다 청년도약계좌나 중도해지 방어 기능이 있는 상품을 제안한다. 맥락이 상품의 우위를 바꾼 것이다.

개발자 용어를 빌리자면, 이는 스테이트리스[83]에서 스테이트풀[84]로의 전환이다. 스테이트리스는 상태 없음, 즉 고객이 누구였는지 기억하지 않는 기성복 같은 서비스를 말한다. 이를테면 대형 프랜차이즈 커피숍 같은 서비스다. 전 세계 어디서나 표준화된 맛을 제

---

83 스테이트리스(Stateless): 서버가 클라이언트(사용자)의 이전 상태나 작업을 저장하지 않아, 요청할 때마다 새로운 연결로 처리하는 통신 방식. (예: 일반적인 웹 검색)

84 스테이트풀(Stateful): 서버가 클라이언트의 이전 상태와 대화 맥락을 기억하고 저장하여, 다음 요청 처리에 연속적으로 반영하는 통신 방식. (예: 로그인 상태 유지, AI의 맥락 기억)

공하지만, 고객의 표정만 보고 오늘은 어떤 커피를 내려주면 좋을지 판단하지는 못한다. 반면 스테이트풀은 이용자의 상태를 기억하는 맞춤복 같은 서비스를 말한다. 이를테면 단골 카페 주인이다. "오늘은 피곤해 보이시네요, 평소 드시던 메뉴에 샷 추가해 드릴까요?"라고 묻는다. 사티야 나델라의 비전처럼, AI 시대의 서비스는 수십억 명의 고객을 동시에 기억하는 초거대 단골 카페가 되어야 한다.

당신의 과제: 맥락의 틈새를 장악하라

이러한 변화 앞에서 스스로에게 질문해야 한다. 당신의 브랜드는 '모든 사람의 1등'을 노리는가, 아니면 '특정인의 특정 맥락에서의 유일한 해답'을 노리는가? SEO 시대에는 전자가 정답이었다. 인기 키워드를 선점하고 트래픽을 쓸어 담는 것이 성공 방정식이었다. 하지만 AEO 시대에는 후자가 승부처다. AI의 추천 단위는 극도로 세분화된다. 이제 시장은 단순히 러닝화가 아니라 무릎이 약한 과체중 30대 초보자를 위한 러닝화가 하나의 완결된 시장이 된다.

이 변화는 흔히 말하는 롱테일 키워드[85] 전략과 비슷해 보이지만

---

85 롱테일 키워드(Long-tail Keywords): 검색량은 많지만 의도가 모호한 1~2단어의 숏테일 키워드(Short-tail, 예: 운동화)와 대조되는 개념. 검색량은 적지만 구체적인 니즈가 담긴 3단어 이상의 조합형 키워드로, 타겟팅이 명확해 구매 전환율이 높음. (예: 발볼 넓은 쿠션 좋은 러닝화)

본질적으로 다르다. 롱테일은 사용자가 검색창에 구체적인 단어를 입력해야만 작동한다. 하지만 AI 플랫폼에서는 사용자가 "러닝화 추천해줘"라고만 말해도, AI가 알아서 맥락을 읽고 정교한 추천을 내놓는다. 키워드 입력은 사용자가 하지만, 맥락의 해석은 AI가 한다. 따라서 우리는 다음 두 가지를 준비해야 한다.

1. **맥락의 정의(Define Context):** 당신의 제품이 어떤 상황의 누구에게 최적인지 집요하게 파고들어라. 모두를 위한 리조트는 이제 AI의 선택을 받지 못한다. 미취학 아동을 둔 4인 가족에게, 이동 동선이 짧고 키즈풀이 잘 갖춰진 최적의 리조트여야 한다.

2. **맥락의 명문화(Explicit Context):** 그 정의를 AI가 학습하기 쉬운 형태의 콘텐츠로 발행하라. "이 제품은 어떤 상황에서, 어떤 니즈를 가진 분께 적합합니다"라는 문장이 상세 페이지와 리뷰 데이터에 명시적으로 포함되어야 한다.

SEO가 검색 결과 1페이지에 들기 위한 10개 브랜드의 전쟁이었다면, AEO는 특정 맥락에서 '단 하나의 추천'이 되기 위한 챔피언 결정전이다. 경쟁은 더 치열하겠지만, 승리한 브랜드가 가져갈 보상은 그 어느 때보다 확실하다.

생존 로드맵:
단기(데이터 구조화)부터
장기(에이전트 구축)까지

지금까지 AI가 답변을 생성하는 구조 RAG, 검색의 작동 방식, 그리고 초개인화의 메커니즘을 살펴봤다. 이제 남은 질문은 하나다. "그래서 당신의 회사는 당장 무엇을 해야 하는가?" 이번 장에서는 향후 3년간 기업이 단계별로 밟아야 할 AEO 도입 로드맵을 제시한다.

AEO 도입은 크게 세 단계로 나뉜다. 1단계 데이터 구조화, 2단계 AI 플랫폼 최적화, 3단계 에이전트 연동이다. 이 세 단계는 독립적이지 않다. 구조화된 데이터 없이는 AI가 맥락을 이해할 수 없고, 플랫폼 최적화 없이는 AI의 선택을 받을 수 없으며, 에이전트 연동 없이는 구매와 실행으로 이어지지 않는다.

다시 말해, 데이터 구조화는 선택이 아니라 출발선이며, 에이전트 구축은 목표가 아니라 결과다.

<h1 style="text-align:center">1단계: 데이터 구조화</h1>

AI가 당신의 브랜드를 이해하게 만들려면, 먼저 콘텐츠가 AI가 읽기 편한 형태로 정리되어 있어야 한다. 앞서 Chapter 2에서 설명했듯, AI는 검색된 문서를 바탕으로 답변을 생성한다. 문서가 잘 구조화되어 있을수록 AI는 정보를 더 정확하게 추출한다. 이 단계의 핵심 과제는 세 가지다.

첫째, 구조화된 데이터 마크업을 적용하는 것이다. 제품 정보, 가격, 리뷰, FAQ 등을 AI가 식별할 수 있는 태그로 감싸는 작업이다. 가장 표준화된 방식은 JSON-LD[86]다. 웹페이지 소스 코드에 제품명, 가격, 설명 등을 약속된 규칙에 따라 삽입하면 된다. 사용자 눈에는 보이지 않지만, AI와 검색 엔진 봇은 이를 통해 "이 숫자는 가격이고, 이 텍스트는 제품 설명이구나"라고 명확히 인식한다. 개발팀에 Schema.org[87] 표준에 따른 JSON-LD 적용을 요청하면 된다. 요즘엔 리플릿Replit, 러버블Lovable 등 AI 코딩 도구들이 잘 나와서 마케팅팀에서 직접 구성하는 경우도 종종 보이고 있다.

---

86 JSON-LD(JavaScript Object Notation for Linked Data): 검색 엔진이 웹페이지의 내용을 명확히 이해할 수 있도록, 제품명·가격·리뷰 등의 데이터를 약속된 형식(JSON)으로 정리해 코드로 삽입하는 데이터 구조화 기술.

87 Schema.org: 구글, 마이크로소프트, 야후 등 글로벌 빅테크 기업들이 공동으로 설립한 웹 표준화 프로젝트. 검색 엔진이나 AI가 웹페이지의 내용을 명확히 이해할 수 있도록, 데이터에 의미를 부여하는 디지털 공통 언어(표준 어휘)를 정의하고 관리하는 라이브러리. 이곳에서 정의한 약속대로 웹사이트를 만들면 AI가 정보를 훨씬 정확하게 읽어갈 수 있음.

[JSON-LD 적용 예시]

JSON

```
<script type="application/ld+json">
{
  "@context": "https://schema.org",
  "@type": "Product",
  "name": "나이키 페가수스 41",
  "description": "무릎이 약한 초보 러너를 위해 충격 흡수가 강화된 쿠션감",
  "offers": {
    "@type": "Offer",
    "price": "179000",
    "priceCurrency": "KRW",
    "availability": "https://schema.org/InStock"
  }
}
</script>
```

둘째, FAQ 문서를 롱테일 중심으로 정비한다. 고객이 자주 묻는 질문과 답변을 정리하되, 구체적인 질문에 집중해야 한다. 예를 들어 "회의 녹취 툴 중에 노션^{Notion}이랑 연동되는 거 있어?"처럼 검색량은 적지만 니즈가 확실한 질문들이다. 이런 질문에 대한 답변을 명확히 적어두면, AI가 해당 질문을 받았을 때 당신의 브랜드를 유일한 답변 소스로 인용할 확률이 비약적으로 높아진다.

셋째, 콘텐츠에 맥락을 명시한다. 여러 번 강조했듯, 누구에게, 어떤 상황에서 적합한지를 콘텐츠에 명확하게 적어두어야 한다.

막연히 '좋은 러닝화'라고 쓰지 마라. 대신 '과체중인 40대 초보 러너가 무릎 통증 없이 달릴 수 있는 러닝화'라고 명시해야 AI가 그 맥락의 사용자에게 당신의 제품을 추천한다.

앞서 언급한 텍스트넷의 경우엔 이 세 가지를 모두 구성한 케이스이다. JSON-LD의 경우는 개발팀이 아닌 마케팅팀에서 리플릿과 같은 AI 코딩 도구를 활용해 작성했고, FAQ를 실제 유저가 LLM에 질문하는 형태로 재구성하고, 답변을 두괄식의 간결한 세 문장 이내로 작성하여 AI의 인용 확률을 높이는 전략을 취했다. 여기서 FAQ 이외에도 AEO 최적화 서비스를 제공하는 유료 블로그 플랫폼을 운영하여 이를 통한 유입도 확보했다.

그 결과, 전체 트래픽 규모 대비 비중은 아직 작지만 2025년 들어 챗GPT뿐만 아니라 퍼플렉시티, 클로드 등 다양한 AI 플랫폼을 통한 유입이 확인되기 시작했으며, 이러한 유입들은 기존의 SEO를 통한 방문에 비해 다섯 배 이상 높은 전환율을 보였다.

2단계: AI 플랫폼 최적화

데이터가 준비되었다면, 이제 주요 AI 플랫폼에서 당신의 브랜드가 어떻게 언급되는지를 추적하고 적극적으로 개입할 차례다. 여기서 SEO와 AEO의 결정적 차이가 드러난다.

에단 스미스는 이렇게 설명한다. "구글 SEO에서는 '최고의 웹사이트 빌더' 검색 결과 1위에 오르면 성공으로 볼 수 있습니다. 하지만 AI 시대는 다릅니다. AI는 여러 출처를 종합해 답변을 만듭니다. 1위 사이트에 있는 것만으로는 부족합니다. 신뢰할 수 있는 다양한 출처에서 동시에 언급되어야 합니다."[45] 즉, AEO의 핵심은 순위Ranking가 아니라 언급Mention이다. 이를 위해 두 가지 전술이 필요하다.

1. 온사이트 최적화[88]: AI 트래픽을 별도로 모니터링해야 한다. 챗GPT나 퍼플렉시티 등에 당신의 브랜드 관련 질문을 주기적으로 입력해보고, AI가 어떤 내용을 답변으로 내놓는지 확인하며 내용을 수정해 나간다.

2. 오프사이트 최적화: 당신의 사이트 밖에서 당신의 브랜드가 언급되게 만들어야 한다. 대한민국의 상황을 고려한 채널 전략은 다음과 같다.

- **유튜브(B2B 및 틈새시장):** 에단 스미스는 "B2B 분야는 영상 경쟁이 거의 없다"고 지적했다. AI 결제 처리 API 같은 주제의 영상은 드물다. 경쟁이 적은 주제로 영상을 만들면, 구글 제미나이나 챗GPT가 해당 주제를 설명할 때 당신의 영상을 핵심 출처로 인용할 가능성이 높다.
- **오픈형 블로그(티스토리, 워드프레스):** 이 부분이 특히 중요하다. 현재

---

88 온사이트(On-site)/오프사이트(Off-site) 최적화: 온사이트는 자사 웹사이트 내부의 기술적·내용적 개선 활동을, 오프사이트는 소셜 미디어, 커뮤니티, 뉴스 등 외부 사이트에서 자사 브랜드의 평판과 언급을 관리하는 활동을 뜻함.

네이버 블로그는 대부분의 글로벌 AI 봇(오픈AI, 구글 등)의 접근을 차단하고 있다(robots.txt[89] 설정). 따라서 글로벌 AI의 추천을 받으려면 티스토리나 워드프레스, 미디엄Medium 같은 오픈 플랫폼을 활용해야 한다. (물론 국내 타겟이라면 네이버의 AI 에이전트 대응을 위해 네이버 블로그도 병행해야 한다.)

- **커뮤니티와 나무위키:** 디시인사이드, 뽐뿌, 블라인드 등의 게시글은 AI의 실시간 정보 소스로 활용된다. 단, 스팸은 절대 금물이다. "저 이 회사 직원인데, 그 기능은 이렇게 해결하시면 됩니다"라고 투명하게 밝히고 정보를 제공하라. 수천 개의 광고성 댓글보다 진정성 있는 해결책 하나가 AI의 신뢰를 얻는다. 또한 객관적 사실 위주로 작성된 나무위키 문서 확보도 필수다.

3단계: 에이전트 연동

마지막 단계는 AI가 단순 추천을 넘어 실제 거래까지 수행하는 국면이다. 챗GPT의 앱스 SDKApps SDK, 구글의 버텍스 AI 에이전트Vertex AI Agents, 그리고 네이버의 에이전트 NAgent N처럼, AI 안에서 검색부터 결제까지 한 번에 끝나는 환경이 빠르게 현실이 되고 있다.

---

89 robots.txt: 웹사이트 소유자가 검색 엔진 로봇(크롤러)의 접근 허용 여부를 제어하기 위해 사이트 최상단에 배치하는 표준 규약 파일. 특정 페이지에 들어오지 못하도록 차단하거나 수집 범위를 설정하는 일종의 디지털 푯말을 의미함.

이 단계에서 기업은 더 이상 노출을 늘리는 문제가 아니라, AI 커머스 인프라를 어떻게 구축하고 연동할 것인가라는 숙제를 마주하게 된다.

- **자체 개발팀:** 오픈AI나 구글의 에이전트 프레임워크와 연동되는 API를 개발한다.
- **일반 기업:** 사용 중인 쇼핑몰 호스팅사(카페24 등)의 AI 커머스 지원 로드맵을 확인하고 플러그인[90]을 도입한다. 핵심은 당신의 회사 재고 확인, 주문 처리 시스템이 AI 에이전트와 실시간으로 대화할 수 있어야 한다는 점이다.

이것으로 기술적인 준비 단계는 모두 확인했다. 하지만 현실적인 문제가 남는다. 바로 자원의 유한함이다. 모든 기업이 이 3단계를 동시에, 완벽하게 수행할 수는 없다. 자본력이 막강한 대기업과 속도가 생명인 스타트업의 전략은 분명 달라야 한다.

그렇다면 당신의 회사는 당장 어디에, 얼마나 투자해야 할까? 이제부터 기업의 체급에 맞는 현실적인 예산 배분과 실행 순서를 알아보자.

---

90 플러그인(Plugin): 기존 소프트웨어(본문에서는 카페24 등 쇼핑몰 플랫폼)에 특정 기능을 추가하기 위해 끼워 넣는 확장 프로그램. 마치 스마트폰에 앱을 설치해 새로운 기능을 쓰듯, 복잡한 자체 개발 과정 없이 AI 챗봇이나 결제 연동 기능을 쇼핑몰에 손쉽게 장착할 수 있게 해주는 도구.

구분	1단계: 데이터 구조화 (Foundation)	2단계: AI 플랫폼 최적화 (Expansion)	3단계: 에이전트 연동 (Transaction)
핵심 목표	AI가 브랜드를 정확히 이해하게 함	다양한 채널에서 브랜드 언급량 증대	검색을 넘어 예약 및 결제까지 완결
실행 방식	기술적 마크업 및 콘텐츠 정비	온사이트 모니터링 및 오프사이트 확산	플랫폼별 SDK 연동 및 API 개발
주요 과제	JSON-LD 적용, 롱테일 FAQ 구축	유튜브, 오픈 블로그, 커뮤니티 관리	재고 및 주문 시스템 실시간 대화
핵심 키워드	맥락(Context)	언급(Mention)	인프라(Infrastructure)

AEO 도입 실행 3단계 로드맵

예산의 선택과 집중:
기업 규모별
3단계 로드맵

모든 기업이 AEO 도입의 3단계를 동시에 진행할 수는 없다. 자원은 유한하고 조직의 의사결정 속도와 실행력은 제각각이기 때문이다. 삼성전자가 취해야 할 전략과 이제 막 시드 투자를 받은 스타트업이 취해야 할 전략이 같을 수 없다. AEO 도입의 핵심은 장비 싸움이 아니라 체급에 맞는 전략 싸움이다. 기업 규모와 가용 예산에 따른 최적의 로드맵과 리소스 배분 전략을 제안한다.

대기업: 압도적 자원을 활용한 병렬 전략

연 마케팅 예산이 50억 원을 넘는 대기업의 가장 큰 무기는 자본이지만, 동시에 가장 치명적인 약점은 속도다. 복잡한 의사결정 구조 탓에 급변하는 트렌드에 민첩하게 대응하기 어렵다. 따라서 대기업은 자본으로 시간을 사는 전략을 택해야 한다. 1단계와 2단계를 순차적으로 밟기보다, 전사적 TF를 구성해 동시다발적으로 밀어붙이는 '병렬 전략Parallel Strategy'이 필수적이다.

예산은 1단계 데이터 구조화에 30%, 2단계 플랫폼 최적화에 40%, 3단계 에이전트 기술 검토에 30%를 배분하는 것이 이상적이다. 1단계에서는 내부 개발팀이나 SI 파트너사를 통해 전사적인 데이터 표준화, 즉 Schema.org 도입을 단기간에 끝내야 한다. 제품 DB 전체를 JSON-LD로 변환하는 작업을 하나의 거대한 프로젝트로 추진하여 인프라를 신속히 갖추는 것이다.

진정한 승부처는 2단계다. 전체 예산의 가장 큰 비중인 40%를 투입해 'AI 평판 관리 시스템'을 구축해야 한다. 대기업은 얻을 신뢰보다 지켜야 할 브랜드 가치가 크다. 브랜드워치Brandwatch와 같은 소셜 리스닝 툴을 도입하거나, 주요 AI 플랫폼에서 자사가 어떻게 언급되는지 실시간으로 추적하는 전담팀을 신설해야 한다. AI가 생성하는 할루시네이션이 브랜드 리스크로 번지지 않도록 관리하는 것이 대기업 AEO의 핵심 과제다. 3단계에서는 외부 플랫폼에 의존하기보다, 자사 앱이나 웹에 LLM을 연동해 고객을 가두는 락인 전략을 R&D 차원에서 미리 준비해야 한다.

중견기업: 확실한 ROI 중심의 순차 전략

연 마케팅 예산 5억 원에서 50억 원 규모의 중견기업은 대기업만큼 자원이 넉넉지 않지만, 스타트업보다는 지켜야 할 자산이 많다. 따라서 아직 검증되지 않은 기술에 배팅하기보다 효과가 검증된 단계부터 차근차근 밟아나가는 '순차 전략Sequential Strategy'이 가장 적합하다. 1년 차에 데이터 기초를 다지고, 2년 차에 트래픽을 끌어오며, 3년 차에 구매 전환을 극대화하는 3개년 계획을 수립해야 한다.

예산 배분은 1단계에 40%, 2단계에 35%, 3단계에 25%를 할당하여 초기 기반 구축에 힘을 싣는다. 1년 차에는 단순히 태그를 심는 것을 넘어, 당신의 브랜드 상세 페이지와 블로그 콘텐츠가 AI가 학습하기 좋은 문체와 구조인지 전수 조사를 실시하고 재정비하는 데 집중해야 한다. 모래성 위에 집을 지을 수는 없다. 기초가 부실하면 2단계의 확장도 불가능하다.

1단계가 완료되는 2년 차부터는 티스토리나 워드프레스 같은 오픈형 블로그, 유튜브 등 외부 채널 확장에 투자하여 AI의 인용 소스를 늘려간다. 마지막 3년 차에 에이전트를 도입할 때는 자체 개발을 고집할 필요가 없다. 카페24나 쇼피파이 등의 AI 플러그인을 활용하거나 검증된 SaaS 솔루션을 도입해 개발 비용을 최소화하고 운영 효율을 높이는 것이 현명하다.

가용 자원이 부족한 스타트업에게 복잡한 포트폴리오는 사치다. 선택지는 사실상 하나뿐이다. 비용 대비 효과가 가장 높은 영역에 모든 것을 쏟아붓는 게릴라 전략이다. 그 승부처는 바로 1단계, 즉 데이터 구조화와 맥락의 선점이다. 리소스의 60% 이상을 이곳에 집중하고, 2단계에 30%, 3단계는 10% 수준으로 최소화해야 한다.

JSON-LD 적용은 기본 중의 기본이며, 더 중요한 것은 콘텐츠다. 개발비가 거의 들지 않는 FAQ 페이지와 창업자 블로그에 집요할 정도로 집중해야 한다. 에단 스미스는 "AEO야말로 초기 스타트업에게 유일한 기회"라고 단언했다. SEO 시장에서는 도메인 권위가 낮은 신생 기업이 상위 노출되기 어렵지만, AEO 시장은 다르다. AI는 권위보다 질문과의 관련성Relevance을 더 중요하게 보기 때문이다. [46]

만약 내일 당장 유력 블로그나 뉴스레터, 혹은 틈새 커뮤니티에 당신의 제품이 자세히 소개된다면, 빠르면 모레부터 바로 챗GPT의 답변에 등장할 수 있다. 모두를 위한 제품이 아니라 특정 상황의 고객을 위한 제품임을 명시하는 콘텐츠만 있다면, 거대 기업을 제치고 AI의 첫 번째 추천을 따낼 수 있다. 이것이 스타트업이 가질 수 있는 최고의 가성비 마케팅이다.

대기업은 자본과 시스템으로, 중견기업은 효율로, 스타트업은 날카로운 맥락으로 승부해야 한다. 각자의 체급에 맞는 전략과 로드맵은 이미 그려졌다. 이제 남은 것은 실행이다. 예산을 어디에 쓸지 정했다면, 이제는 구체적으로 무엇을 보여줄지를 고민해야 한다. AI는 단순히 예산이 많은 브랜드를 선택하지 않는다. AI가 가장 신뢰할 수 있다고 판단한 브랜드를 선택한다.

그렇다면 수조 개의 데이터 중에서 AI는 도대체 어떤 기준으로 단 하나의 답변을 결정하는가? 그 기준은 명확하다. 이어지는 Chapter 4에서는 이 전쟁터에서 살아남기 위한 구체적인 전술, 즉 AI에게 선택받는 브랜드가 갖춰야 할 세 가지 조건을 낱낱이 공개한다. AI의 답이 되는 브랜드는 우연히 탄생하지 않는다. 준비된 자만이 선택된다.

CHAPTER 4

전술 | AEO의 핵심

: 선택받는 브랜드의 3가지 조건

타겟팅의 진화:
형광등을 끄고
레이저를 켜라

기업의 규모를 막론하고 브랜드 컨설팅을 시작할 때 공통적으로 묻는 핵심 질문이 있다.

"타겟이 누구인가요?"

누구를 위해 이 상품과 서비스를 만들었는지를 묻는 본질적인 질문이다. 이에 대해 열에 여덟은 이렇게 답한다. "2030 여성입니다." 혹은 "3040 전문직 남성입니다."

결론부터 말하면 이것은 잘못된 타겟 설정이다. 특히 자본이 부족한 스몰 브랜드라면 절대 피해야 할, 필패必敗의 접근 방식이다. 물론 인구통계학적 타겟팅 자체가 틀린 것은 아니다. 문제는 그 범위가 지나치게 넓고 모호해서 구체적인 사람을 떠올리는 게 불가능하다는 데 있다.

2030 여성이라는 환상

2030 여성을 타겟으로 삼았다고 가정해 보자. 갓 입학한 20세 대학생과 육아에 전념하는 35세 전업주부가 과연 비슷한 행동양식을 보이고, 비슷한 니즈를 가질까? 그들이 공통으로 열광하는 옷이 존재할까? 거의 없다.

이처럼 모호한 타겟 설정은 필연적으로 누구도 100% 만족하지 못하는 어정쩡한 상품을 낳는다. 모두를 만족시키려는 브랜드는 결국 그 누구도 만족시키지 못한다. 주변을 넓게 비추지만 정작 하나의 사물을 또렷하게 보여주지 못하는 형광등 같은 마케팅이다.

물론 뾰족한 타겟이 아닌 남녀노소 구입하는 유니클로^{Uniqlo} 같은 예외도 존재한다. 하지만 유니클로조차 1984년 창업 초기에는 전 국민을 노리지 않았다.

창업자인 야나이 다다시^{柳井正}의 타겟팅은 무서울 정도로 뾰족했다. 그는 유행에 맞는 저렴한 캐주얼 의류를, 주머니 사정이 가벼운 학생들에게 셀프서비스로 판매하는 것을 목표로 삼았다. 가게 이름부터 '유니크 클로딩 웨어하우스^{Unique Clothing Warehouse}'였다. 누구나가 아니라, 창고에서 보물을 찾듯 옷을 고를 힙^{Hip}한 젊은이들만 오라는 선언이었다. 결국 이 뾰족함 덕분에 초기 시장에서 생존할 수 있었고, 그것이 훗날 글로벌 대중 브랜드로 성장하는 발판이 되었다. [47]

세계적인 종합 명문 대학인 스탠퍼드대학교도 그 시작은 매우 뾰족했다. 1885년 설립 당시, 스탠퍼드대학교는 뉴욕의 유력 신문들로부터 서부의 촌구석 대학이라며 조롱 섞인 비웃음을 샀지만 창립자 릴런드 스탠퍼드^{Leland Stanford}는 흔들리지 않았다. 그는 훗날 실리콘밸리의 토양이 될 이공계 육성이라는 아주 날카로운 과녁 하나에만 집중했다.

그 결과 1930년대에 윌리엄 휴렛^{William Hewlett}과 데이비드 패커드^{David Packard}라는 천재들을 배출하며 기술 벤처의 요람으로 자리 잡았고, 이후 야후, 구글, 나이키의 창립자들이 줄줄이 이곳에서 자라났다.[48] 처음부터 모든 학문을 아우르는 거대 종합대학을 꿈꿨다면 오늘날의 스탠퍼드는 존재하지 않았을지도 모른다. 이공계라는 레이저로 시대의 중심을 뚫어낸 결과, 최근 발표된 2026년 QS 세계 대학 순위에서 세계 3위를 기록하며 독보적인 위상을 증명했다.[49] 특히 신입생 합격률은 약 3.6% 수준으로 전 세계에서 가장 입학하기 어려운 대학 중 하나로 꼽힌다.[50]

뾰족해진다는 것은 결코 작게 머물겠다는 뜻이 아니다. 가장 단단한 지점을 찾아 그곳을 확실히 관통하겠다는 의지의 표현이다. 이제 우리의 타겟팅이 왜 이토록 날카로워야만 하는지, 그 이면에서 요동치는 시장의 구조를 차근차근 살펴볼 차례다.

헤드^{Head}의 시대에서 롱테일^{Long-tail}의 시대로

왜 타겟팅은 뾰족해야만 하는가? 이는 시장의 구조가 근본적으로 변했기 때문이다. 시장은 크게 두 가지 영역으로 나눌 수 있다. 헤드와 롱테일이다.

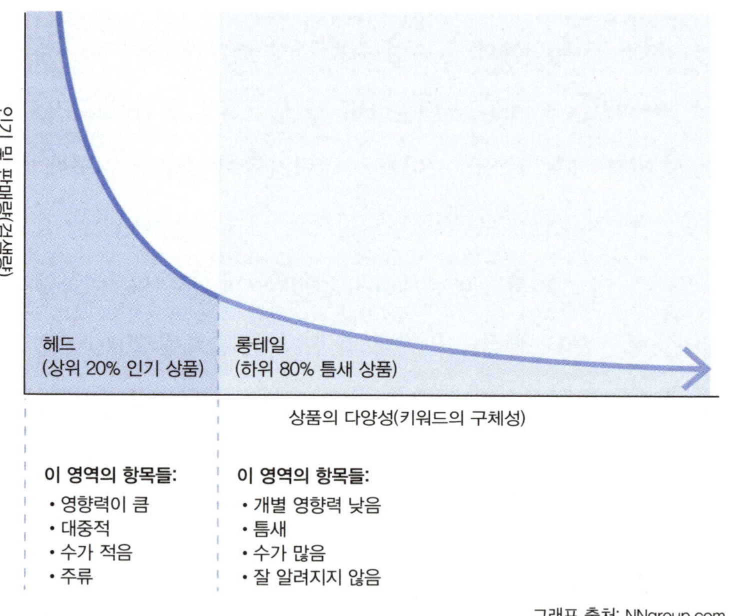

그래프 출처: NNgroup.com

• **헤드:** 그래프의 머리 부분이다. 소수의 인기 상품이 전체 매출의 상당 부분을 차지하는 구조다. 노트북이나 러닝화 같은 대표 키워드와 나이키, 삼성 같은 거대 브랜드가 이 영역을 장악한다. 과거의 SEO는 궁극적으로 이 헤드 키워드를 차지하기 위한 전쟁터였다.

- **롱테일:** 그래프의 긴 꼬리 부분이다. 수요가 적지만 구체적인 키워드와 수많은 상품이 존재하는 영역이다. 개별 매출은 적지만, 이 꼬리를 모두 합치면 머리보다 더 큰 시장을 형성하기도 한다.

과거 오프라인 매장은 공간적 제약 때문에 잘 팔리는 헤드 상품만 진열할 수 있었다. 그래서 대기업은 거대한 자본력을 바탕으로 매대를 점령하고, 두루뭉술한 타겟팅만으로도 시장을 장악할 수 있었다. 이후 온라인 시대에 접어들며 무한한 진열대 위에서 롱테일의 가능성이 확인되었지만, 여전히 대중을 겨냥한 매스 마케팅은 유효했다.

하지만 AI 시대의 도래와 함께 게임의 룰은 완전히 바뀌었다. 이제 뾰족함은 스몰 브랜드만의 틈새 전략이 아니다. 대기업을 포함한 모든 브랜드가 갖춰야 할 생존 절대 조건이 되었다. AI는 수만 개의 검색 결과 대신, 사용자의 의도에 가장 정교하게 부합하는 단 하나의 답을 내놓기 때문이다. 누구보다 뾰족하게 서 있지 않으면, AI의 필터링을 통과해 고객에게 닿을 기회조차 얻을 수 없다.

왜 AI는 대기업에게도 뾰족함을 요구하는가

AEO의 핵심은 사용자가 말하지 않은 맥락까지 파악한다는 데 있다. 그리고 AI는 태생적으로 롱테일을 편애한다.

많은 마케터가 오해하는 것이 있다. AI에게 구체적인 답변을 얻으려면 사용자가 구구절절 길게 질문해야 한다고 생각하는 것이다. 물론 그렇게 물으면 정확한 답을 준다. 하지만 사용자가 단순하게 "노트북 마우스 추천해줘"라고 짧게 물으면 어떻게 될까?

여기서 AI의 무서움이 드러난다. AI는 그동안의 대화 기록을 통해 사용자의 맥락을 이미 알고 있다. "이 사용자는 손목 통증이 있고, 카페에서 주로 일하는 프리랜서"라는 사실을 기억한다. AI는 내부적으로 "손목 통증이 있는 노마드 워커[91]를 위한 저소음 인체공학 마우스"라는 초정밀 롱테일 키워드를 생성해 답을 찾는다.

이 순간, 가성비 좋은 마우스를 표방하는 어정쩡한 제품은 추천 목록에서 탈락한다. 대신 손목 각도를 57도로 유지해 통증을 완화하고, 카페에서도 조용한 무소음 클릭을 지원하는 브랜드라는 뾰족한 정체성을 가진 브랜드가 유일한 정답으로 제시된다.

이것이 대기업조차 뾰족해져야만 하는 이유다. AI는 사용자의 맥락—누구인지, 어떤 문제가 있는지, 어떤 상황인지—을 이미 알고 있다. 따라서 그 맥락에 정확히 맞는 뾰족한 제안이 없다면, 거대 브랜드라도 AI의 답변 대기열에조차 오를 수 없다. 결국 노출 자체가 되지 않으므로 매출을 논할 기회조차 사라지는 셈이다.

91　노마드 워커(Nomad Worker): 유목민(Nomad)과 직장인(Worker)의 합성어로, 시공간의 제약 없이 업무를 수행하는 현대적인 근무 형태와 그러한 가치를 추구하는 인구 집단을 포괄한 용어.

　　　　　　　　　　　　

좁아지는 타겟, 총매출도 줄어들까?

여기서 한 가지 의문이 생길 수 있다. "타겟을 레이저처럼 좁히면 잠재 고객 자체가 줄어들어 총매출에 타격이 있지 않을까?" 하는 걱정이다. 결론부터 말하자면, AI 시대에는 정반대다. 타겟을 뾰족하게 좁혀야 비로소 매출이 시작될 수 있는 최소한의 확률이 만들어진다.

과거 검색 시대에는 비록 10페이지 뒤에라도 당신의 브랜드가 이름을 올릴 자리가 있었다. 하지만 답변의 시대인 AI 환경에서 어정쩡한 브랜드의 노출 확률은 0에 가깝다. 명확하게 나에 대해 질문하지 않는 1,000만 명의 타겟보다, 확실하게 나에 대해 묻는 1,000명의 타겟이 매출에 기여하는 바가 압도적으로 크다.

AI는 당신의 브랜드에 관심 없는 1,000만 명의 구경꾼들에게 노출하는 낭비를 하지 않는다. 대신 당신의 브랜드를 정답으로 인용할 준비가 된 1,000명에게 가장 먼저 연결해 준다. 결국 노출의 양이 아니라, 채택의 밀도가 곧 매출이 되는 시대로 판이 바뀐 것이다.

또한 뾰족한 타겟팅은 시장을 포기하는 것이 아니라 확장을 위한 발판이다. 하나의 구체적인 문제(예: 손목 통증)를 해결해 AI의 정답으로 인용되기 시작하면, AI는 해당 브랜드를 신뢰할 수 있는 정보원으로 학습한다. 이후 AI는 사용자의 맥락에 따라 답변의 범위를 유사 영역(예: 거북목 방지, 프리랜서 전용 장비)으로 알아서 넓혀준다.

레이저는 한 점을 뚫기 위해 존재하지만, 그 구멍을 통해 브랜드라는 거대한 물줄기가 시장으로 흘러 들어간다. 좁게 시작해야 넓게 퍼질 수 있다. 이것이 AI 시대가 우리에게 요구하는 역설적인 생존 공식이다.

본질은 '누구, 상황, 문제'다

결국 AI 시대의 타겟팅의 본질은 복잡한 마케팅 용어가 아니다. 아주 쉬운 한 문장으로 정의될 수 있어야 한다.

"우리 브랜드는 '어떤 상황'에 처한 '누구'의 '어떤 문제'를 해결하는가?"

이 질문에 즉각 답할 수 없다면, 아무리 그럴듯한 페르소나를 설계해도 소용없다. 인구통계학적 정보와 심리학적 정보 또한 학문적 분석을 위해 존재하는 것이 아니라, 오직 이 질문의 빈칸을 선명하게 채우기 위해 존재한다고 봐도 무방하다.

1. **누구(인구통계학적 정보, Demographic):** 나이, 성별, 거주지, 직업 등이다. 이는 타겟의 좌표를 찍어준다. 단순히 2030이 아니라 서울 거주 23세 남자 대학생처럼 구체적이어야 한다.

2. **어떤 상황/문제(심리학적 정보, Psychographic):** 취미, 가치관, 소비 습

　　　　　　　　　　　

관, 고민거리 등이다. 이는 좌표에 있는 사람의 결핍을 보여준다. 예를 들어, 노트북을 들고 다니느라 어깨가 아픔, 비건 패션을 선호함 등이 해당한다.

인구통계학이 뼈대라면, 심리학적 정보는 그 사람의 사연이다. 이 둘을 합쳐야 비로소 살아있는 고객이 보인다.

형광등을 끄고 레이저를 켜라

이제 당신의 브랜드를 다시 정의해 보라. '2030 여성을 위한 가방'이라고만 정의되어 있다면, AI는 당신을 거들떠보지도 않는다. 그 시장은 이미 샤넬Chanel과 자라ZARA가 장악했다.

하지만 "노트북과 도시락을 동시에 넣어도(상황/심리) 어깨가 아프지 않은(문제/심리), 서울 강남으로 출퇴근하는 28세 직장인(누구/인구통계)을 위한 비건 레더 백"이라고 정의되어 있다면? 주변을 광범위하게 비추던 형광등을 끄고, 단 하나의 지점을 정밀하게 조명하는 레이저를 켠 셈이다. AI는 이 선명한 빛을 발견하고 당신의 브랜드를 호출한다.

결론은 명확하다. 광범위한 타겟팅은 잊어라. 인구통계학적 정보로 고객의 위치를 파악하고, 심리학적 정보로 그들의 아픔을 찾아내라. 그리고 당신의 제품이 '어떤 상황의 누구에게 어떤 해결책이 되는지' 한 문장으로 증명하라. AI는 두루뭉술한 모두를 위한 브랜드를 가장 싫어한다. 대신, 특정 개인의 아주 구체적인 아픔을 해결해 주는 '덕후' 같은 브랜드를 사랑한다.

이제 의미 없는 곳까지 애매하게 비추는 형광등을 꺼라. 대신 고객의 삶 속에 숨겨진 가장 내밀한 결핍과 문제를 찾아, 그 핵심을 정밀하게 꿰뚫는 레이저를 쏘아라.

기획의 본질:
3C 분석[92]과
AI 페르소나 설계

중국 오나라의 손무가 편찬한 병법서 『손자병법』은 시대를 초월하는 전략서다. 빌 게이츠, 손정의 등 세계적인 리더들이 그 지혜를 구했다. 그중 가장 많이 인용되는 구절은 "적을 알고 나를 알면 백 번을 싸워도 위태롭지 않다"는 뜻의 지피지기백전불태知彼知己百戰不殆다.

병법서로서는 흠잡을 데 없는 이 말은, 마케팅 기획의 관점에서 두 가지 부족함이 있다. 첫째, 비즈니스는 단순히 두 진영이 싸우는 전쟁이 아니다. 경쟁사(적)와 우리 회사(나) 외에 고객이라는 가장 중요한 존재가 빠져 있다. 마케팅 기획은 반드시 자사Company,

---

92　3C 분석(3C Analysis) 마케팅 전략 수립의 기본 프레임워크. 자사(Company), 경쟁사(Competitor), 고객(Customer)을 분석하여 시장 내 위치를 파악하는 기법. 이 책에서는 자사의 데이터화, 경쟁사의 맥락 점유율, 고객의 맥락 페르소나로 개념으로 확장해, AEO 관점에서 그 의미를 심화함.

경쟁사^{Competitor}, 고객^{Customer}을 면밀히 분석하는 3C 분석에서 시작해야 한다.

둘째, 순서가 틀렸다. 지피지기에서 적보다 나가 먼저다. 3C 분석에서 가장 중요한 것은 나^{Company}다. 나를 제대로 파악해야만 비로소 그에 맞는 시장을 찾을 수 있고, 그 시장에서 의미 있는 경쟁군을 설정할 수 있다. 나에 대한 명확한 정의 없이 경쟁사와 고객을 분석하는 것은 첫 단추를 잘못 꿰고 시작하는 행위다.[51]

1. Company: 나를 정의하지 않으면 AI가 멋대로 정의한다

3C 분석의 시작점인 자사 분석은 AEO 시대에 들어 그 중요성이 완전히 달라졌다. 과거에는 브랜드 정체성이 다소 모호해도 막대한 광고비를 쏟아부으면 우리가 의도한 모습대로 소비자가 브랜드를 인지해 주었다. 자본이 브랜드를 정의하던 시대였다. 하지만 지금은 다르다. 브랜드 스스로가 자신을 명확히 정의하지 않으면, AI가 그 정체를 멋대로 규정해 버린다.

AI는 웹상에 흩어진 파편적인 데이터를 수집해 당신의 브랜드를 분류한다. 이때 당신의 브랜드만의 뾰족한 맥락을 학습시키지 못하면, AI는 당신을 대체 불가능한 브랜드가 아닌 수많은 기타 등등 중 하나로 분류해 버린다. 한번 기타 등등으로 학습되면, 사용자의 질문에 호출될 기회는 사라지고 만다.

따라서 AEO 시대의 자사 분석은 단순히 매출이나 인력 현황을 파악하는 것에서 그쳐서는 안 된다. "우리는 어떤 상황의 누구에게 어떤 해결책을 주는가?"라는 질문에 대한 답, 즉 '브랜드의 원천 데이터[93]'를 확립하는 생존의 과정이 되어야 한다. 이 데이터가 명확해야만 AI는 당신을 신뢰할 수 있는 단 하나의 답변 소스로 인식한다.

2. Competitor: 경쟁의 판이 바뀌었다

나를 정의했다면 다음은 경쟁사 분석이다. 여기서 SEO 시대와 AEO 시대의 결정적 차이가 드러난다. SEO 시대의 경쟁사는 헤드에 있는 거대 기업이었다. '노트북'을 검색하면 삼성, LG, 애플과 싸워야 했다. 하지만 AEO 시대, 즉 롱테일의 시대에는 경쟁의 판이 완전히 달라진다.

당신이 손목 통증이 있는 작가를 위한 인체공학 키보드를 만든다면, 당신의 경쟁사는 로지텍Logitech만은 아니다. 당신과 똑같은 문제를 해결하려는 또 다른 틈새 브랜드 혹은 키보드가 아닌 음성 인식 소프트웨어일 수도 있다.

---

93 원천 데이터(Source Data): AI가 브랜드를 학습할 때 참고하는 가장 기초적인 정보. 브랜드의 정체성, 해결 가능한 문제, 타겟 고객 등이 명확히 정의된 데이터로, AI가 할루시네이션(거짓 정보) 없이 정확한 답변을 내놓게 하는 기준점이 됨.

따라서 경쟁사 분석의 초점은 시장 점유율이 아니라 맥락 점유율[94]로 이동해야 한다. 즉, 우리가 선점하려는 그 구체적인 맥락(상황+문제)을 누가 해결하고 있는가? AI는 그 질문에 누구를 추천하고 있는가? 이것을 파악하는 것이 AEO 경쟁사 분석의 핵심이다.

3. Customer: 맥락 페르소나 설계

3C의 마지막이자 정점은 고객이다. 앞선 장에서 우리는 '형광등을 끄고 레이저를 켜라'라고 말했다. 이제 그 레이저를 조준할 차례다. 단, 조준점은 고객이라는 사람 자체가 아니다. 그들이 안고 있는 구체적인 결핍과 문제다. 레이저는 단순히 빛을 쏘는 도구가 아니라, 어둠 속에 숨겨진 문제를 선명하게 비추고 단번에 해결하는 솔루션이어야 하기 때문이다. 이 조준점을 명확히 설계하는 과정, 이것이 바로 맥락 페르소나Context Persona다.

기존의 페르소나 역시 훌륭한 마케팅 도구다. 인구통계학적 정보와 심리적 특성을 결합해 고객을 아주 구체적으로 묘사한다. 그러나 AEO 시대에는 여기에 '지금 해결해야 할 문제'와 '처한 상황'이라는 결정적인 층위가 더해져야 한다.

---

94 맥락 점유율(Context Share): 단순한 시장 점유율(Market Share)을 넘어선 개념. 사용자가 처한 특정 상황과 문제를 해결하는 과정에서, 우리 브랜드가 얼마나 우선적으로 호출되는지를 나타내는 AEO 시대의 새로운 경쟁 지표로 제안함.

기존 페르소나가 그 사람이 누구인가^{Who}를 정의하는 정적 프로필이라면, 맥락 페르소나는 그 사람이 지금 어떤 상황에서 무엇을 필요로 하는가^{Context}를 정의하는 동적 프로필이다.

- **기존 페르소나(Who):** 1990년생, 삼성전자 마케팅팀 근무, 주말에는 양양에서 서핑을 즐기는 35세 남성. (충분히 구체적이다. 하지만 AI가 추천할 계기가 부족하다.)
- **맥락 페르소나(Who + Context):** 위 정보에 더해, 최근 잦은 야근으로 손목 터널 증후군을 겪고 있으며(문제), 업무 효율을 높여줄 장비를 퇴근길 유튜브에서 검색 중인(상황) 상태가 결합된다.

이렇게 문제와 상황을 구체적으로 설계해야 하는 이유는 명확하다. AI는 바로 이 맥락을 단서로 답변을 생성하기 때문이다. 아무리 서핑을 좋아하는 삼성전자 직원이라도, 그에게 뜬금없이 키보드를 추천할 이유는 없다. 하지만 '손목이 아프다'라는 맥락이 입력되는 순간, AI는 그를 당신 브랜드의 잠재 고객으로 인식하고 매칭시킨다.

더 나아가 챗GPT 같은 도구를 이용해 이 페르소나를 시뮬레이션해 볼 수도 있다. "네가 지금 손목 통증으로 고민하는 35세 남성 마케터라면, 이 상세 페이지를 읽고 구매할 마음이 생기는지, 아니면 어떤 점이 의심스러운지 말해줘"라고 물어볼 수 있다. 이는 정적 프로필로는 불가능한, 살아있는 검증이다.

기획의 본질은 변하지 않았다. 나를 알고, 경쟁자를 알고, 고객을 아는 것. 하지만 그 깊이와 방식은 완전히 달라졌다. 두루뭉술한 3C는 버려라. AI가 읽을 수 있는 자사의 데이터Company를 만들고, 롱테일 경쟁자Competitor를 찾고, 문제와 상황이 결합된 맥락 페르소나Customer를 설계하라. 이것이 AEO 전쟁에서 승리하기 위한 최적의 첫 단추다.

대상Who과 맥락Context은 정해졌다. 이제 남은 것은 AI의 간택[95]이다. 아무리 훌륭한 제품과 맥락을 갖췄더라도, AI가 이를 이해하지 못하거나 신뢰하지 않으면 답변에 노출될 수 없다. AI라는 거대한 지능은 인간과는 다른 방식으로 정보를 읽고 판단한다. AI에게 선택받는 브랜드가 되기 위해서는 다음의 세 가지 절대 조건을 충족해야 한다.[96]

- **콘텐츠(Content):** AI와 인간을 동시에 설득하는 언어인가?

- **테크니컬(Technical):** AI가 읽기 쉬운 구조로 되어 있는가?

- **오프사이트(Off-site):** 외부에서 검증된 신뢰할 수 있는 출처인가?

---

95 간택(Selection): AI가 수많은 검색 결과 중 단 하나를 골라 '직접적인 답변(Direct Answer)'으로 채택하는 현상을 설명하기 위해 이 책에서 제안하는 개념. 단순한 상위 노출을 넘어, AI에게 '유일한 정답'으로 선택받는 것이 AEO의 최종 목표임을 강조함.

96 콘텐츠와 테크니컬은 Chapter 3에서 언급한 '온사이트'에 해당함.

이 세 가지 조건이 맞물려 작동할 때, 당신의 브랜드는 단순한 검색 결과를 넘어 AI가 추천하는 유일한 정답이 된다. 이제 하나씩 파헤쳐 보자.

AI와 인간을 동시에 설득하는 이중 화법

AI가 가장 선호하는 콘텐츠를 한마디로 정의하면 『어린왕자The Little Prince』 같은 콘텐츠다.

앙투안 드 생텍쥐페리Antoine de Saint-Exupéry의 『어린왕자』는 겉보기엔 단순한 동화다. 아이들도 술술 읽을 만큼 문장이 간결하다. 하지만 어른이 되어 다시 읽으면 전혀 다른 층위의 메시지가 보인다. 독자의 경험과 맥락에 따라 "가장 소중한 것은 눈에 보이지 않는다"는 철학적 의미가 무궁무진하게 해석되기 때문이다.

흥미로운 점은 이 책의 기획 단계에 얽힌 에피소드다. 당초 출판사는 이 책을 철저히 어린이용으로 기획했다. 하지만 생텍쥐페리는 서문에서 "이 책을 어른에게 바친 것을 어린이들이 용서해주길 바란다"고 적었다. 출판사와 작가의 타겟팅이 엇갈린 모순적인 상황이었지만, 역설적으로 이 점이 세대와 계층을 뛰어넘는 다층적

텍스트임을 증명하는 계기가 되었다. [52]

심지어 야스토미 아유미安富步 도쿄대 교수는 이 책을 "장미와 여우가 어린왕자에게 가하는 정서적 학대Moral harassment의 기록"으로 파격적으로 해석하기도 했다. [53] 같은 텍스트라도 누가, 어떤 맥락에서 읽느냐에 따라 정보의 깊이가 이처럼 천차만별로 달라진다.

이 다층적 구조가 바로 AEO 콘텐츠의 핵심이다. 『어린왕자』가 아이(쉬운 읽기)와 어른(깊은 의미)을 동시에 만족시키듯, AEO 콘텐츠는 인간(공감과 재미)과 AI(구조와 논리)를 동시에 설득해야 한다. 이것이 바로 이중 화법[97]이다.

검색 봇Bot의 시대에서 인공지능AI의 시대로

이 변화를 이해하려면, 글을 읽는 주체가 어떻게 변했는지 제대로 알아야 한다. 과거 SEO 시대의 독자는 봇[98]이었다. 기존 검색 엔진은 텍스트의 의미를 이해하지 못했다. 대신 기계적인 체크리스트에 의존했다. 봇은 웹사이트를 방문해 제목 태그, 키워드 밀도, 이미지 대체 텍스트[99] 링크 구조 등을 확인하고 점수를 매겼다. 내용

---

97 이중 화법(Double-Speak): 원래는 사실을 왜곡하거나 모호하게 만드는 기만적 언어를 뜻하는 부정적 용어. 하지만 이 책에서는 그 의미를 비틀어, 인간과 AI라는 서로 다른 두 독자를 동시에 설득해야 하는 AEO의 양면 전략으로 새롭게 정의함.

98 봇(Bot)/크롤러(Crawler): 인터넷 상의 웹페이지를 주기적으로 방문하여 정보를 수집하고 분석하여 이를 데이터베이스에 저장하는 자동화된 프로그램.

99 대체 텍스트(Alt Text, Alternative Text): 시각 장애인을 위해 이미지를 설명하거나, 이미지가

은 엉망이라도 키워드만 잘 배치하면 상위 노출이 가능했던 이유다. 당시의 콘텐츠는 기계가 색인[100]하기 좋은 형태면 충분했다.

하지만 AEO 시대의 독자는 기계가 아닌 지능이다. 챗GPT와 같은 대규모 언어 모델[LLM]은 인간의 언어 처리 방식을 모방한 트랜스포머 아키텍처[101]를 기반으로 작동한다. 이들은 단순히 키워드 매칭을 하지 않는다. 단어와 문장 사이의 복잡한 관계를 학습해 지식의 내재적 표현[102]을 생성한다. 즉, AI는 텍스트를 나열하는 것이 아니라 문맥[Context]과 의도[Intent]를 이해한다.

예를 들어 사용자가 "최고의 러닝화 추천해줘"라고 물으면, AI는 러닝화라는 단어가 들어간 문서를 찾는 것이 아니다. 사용자가 구매 결정에 도움이 되는 전문가의 조언을 원한다는 의도를 파악하고, 그에 가장 부합하는 논리적이고 신뢰할 수 있는 답변을 생성한다.

인간과 AI를 홀리는 글쓰기의 3가지 법칙

AEO 콘텐츠의 승부처는 질[Quality]과 정확성[Accuracy]이다. AI는 더

로드되지 않을 때 대신 표시되는 텍스트. SEO의 기술적 요소 중 하나

100　색인(Index): 검색 엔진 크롤러가 수집한 데이터를 검색 가능한 형태로 저장하는 과정.

101　트랜스포머 아키텍처(Transformer Architecture): 구글이 개발한 딥러닝 모델 구조로, 문장의 전체 맥락을 한 번에 파악하여 LLM 발전의 핵심 기반이 된 기술.

102　지식의 내재적 표현(Latent Representation): AI(LLM)가 텍스트를 이해하고 저장하는 방식. 단어를 글자 그대로 저장하는 게 아니라, 왕과 남자, 여왕과 여자 사이의 관계처럼 단어의 의미와 맥락을 수치화된 좌표(벡터)로 변환해 기억하는 것.

이상 웹 문서를 단순히 색인하지 않는다. 문서를 씹어 먹고 소화해 지식으로 변환한다. 그렇다면 인간의 공감과 AI의 논리를 동시에 충족시키는 이중 화법은 도대체 어떻게 써야 할까? 복잡할 것 없다. 다음의 세 가지 법칙만 기억하면 된다.

1. 두괄식의 미학, BLUF^{Bottom Line Up Front 54)}

신입 사원 시절, 뼈저리게 배운 것이 하나 있다. 바로 보고하는 방식이다. 대학생 때는 소설의 기승전결처럼 서서히 호기심을 고조시키다가, 마지막 순간에 핵심을 터뜨리는 미괄식 발표를 즐겼다. 하지만 회사, 특히 분초를 다투는 임원들 앞에서 이런 방식은 통하지 않았다. 그들의 인내심은 결론이 나오기까지의 지루한 빌드업을 용납하지 않았기 때문이다. 재미있는 건, AI도 이 냉철한 의사결정권자와 똑같다는 사실이다.

전문 용어로 말하자면, AI의 주의 집중 메커니즘^{Attention Mechanism}은 텍스트의 앞부분에 매우 높은 가중치를 둔다. 앞부분에 정답이 없으면 뒤는 읽지도 않고 가치 없는 문서로 분류해 버린다. 모바일 환경에서 3초 안에 결론을 원하는 인간 독자 역시 마찬가지다.

따라서 기승전결은 잊어라. AEO 글쓰기의 핵심은 결승전결이다. 결론부터 제시하고, 승부를 보고, 전개를 하고, 다시 결론을 맺어라. 이를 비즈니스 글쓰기에서는 BLUF라고 부른다.

- **나쁜 예(미괄식):** "최근 러닝 인구가 늘어나면서 무릎 통증을 호소하는 분들이 많습니다. 쿠션이 중요한데, 나이키도 있고 아디다스도 있죠. 그 중에서 발볼이 넓은 사람에게는…" (AI: 그래서 핵심이 뭐야?)

- **좋은 예(두괄식/BLUF):** "발볼이 넓고 무릎 통증이 있는 러너라면 뉴발란스 프레쉬폼 1080을 추천한다. 이유는 세 가지다. 첫째…" (AI: 질문에 대한 직접적인 답변Direct Answer 확인. 채택.)

질문에 대한 답을 첫 문단, 가능하면 첫 문장에 제시하라. 그래야 AI가 당신의 글을 정답으로 인식한다.

2. 논리의 블록화, PREP^{Point, Reason, Example, Point55)}

인간의 뇌는 혼란을 싫어한다. 중구난방으로 흩어진 글을 읽을 때, 인간 독자는 피로감을 느끼고 이내 페이지를 닫아버린다. 흥미롭게도, AI 역시 이런 혼란을 가장 싫어한다.

AI는 줄글을 읽는 게 아니라 글의 구조를 읽는다. 문단과 문단 사이의 논리적 연결고리가 끊겨 있다면, AI는 이를 일관성Coherence 없는 낮은 품질의 정보로 판단해 폐기한다.

이때 인간과 AI 모두에게 가장 효과적인 논리의 지도Mental Roadmap를 제공하는 것이 바로 PREP 구조다. 이는 원래 즉흥 연설에서 청중이 길을 잃지 않도록 돕고, 자연스럽게 설득하기 위해 사용되던 기법이지만, AI에게도 동일하게 강력한 효과를 발휘한다.

- **P(Point, 핵심 주장):** 대화의 무대를 설정하는 단계다. "이 제품을 초보 자에게 강력히 추천한다"와 같이 명확한 아이디어를 먼저 제시해, AI가 주제를 즉각 파악하게 한다.

- **R(Reason, 근거 제시):** 주장에 대한 타당성을 설명한다. "왜냐하면 쿠션 감이 탁월하기 때문이다"와 같이 논리적 정당성을 부여해, AI가 이 정보를 신뢰하게 만든다.

- **E(Example, 구체적 예시):** 주장에 생명력을 불어넣는 단계다. "실제로 42.195㎞를 뛰어본 결과 무릎에 가해지는 무리가 현저히 적었다"처럼 구체적인 맥락과 명확성을 제공한다.

- **P(Point, 핵심 요약):** 논의를 매듭짓는다. "따라서 초보자에게 최고의 선택이다"와 같이 핵심 논지를 재확인해, AI가 가져가야 할 단 하나의 메시지[Main Takeaway]를 각인시킨다.

이 구조는 정보의 흐름을 매끄럽게 만들고 논리적 일관성을 보장한다. 당신의 블로그 포스팅이나 상세 페이지가 이처럼 단단한 PREP 구조의 블록들로 쌓여 있다면, AI는 그 블록을 통째로 들어내어 사용자에게 가장 신뢰할 수 있는 답변으로 제시할 것이다.

3. AI가 흉내 낼 수 없는 경험과 관점, 정보 획득[Information Gain 56)]

우리는 왜 책을 읽는가? 뻔한 소리를 듣기 위해서가 아니다. 새로운 정보, 남다른 관점, 그리고 고유한 경험을 얻기 위해서다. 인간 독자는 복사 붙여넣기 된 영혼 없는 글을 본능적으로 거른다.

AI도 마찬가지다. 냉정하게 말해, 현재의 AI는 확률적 앵무새에 가깝다. 인터넷의 데이터를 학습해 가장 그럴싸한 평균값을 내놓는 데는 선수다. 따라서 당신이 남들도 다 아는 뻔한 정보를 짜집기한다면, 인간에게는 지루함을 주고 AI에게는 정보값이 0인 잉여 데이터로 취급받을 뿐이다.

이제 경쟁자를 글로 밀어내던Displacement 시대는 끝났다. 과거의 SEO가 더 길고 자세한 글로 상대를 압도하는 싸움이었다면, AEO는 인간과 AI 모두에게 새로운 가치를 더하는 차별화Differentiation 싸움이다. AI는 10개의 문서를 1초 만에 요약한다. 단순히 양으로 승부하는 전략은 더 이상 의미가 없다. 인간의 눈길을 끌고 AI의 선택을 받으려면 기존 문서들이 하지 않는 이야기, 즉 당신만이 제공할 수 있는 정보 획득 요소를 담아야 한다. AI가 인용할 수밖에 없는 세 가지 차별화 요소는 다음과 같다.

1. **고유한 경험(Originality):** AI는 경험할 수 없다. "음질이 좋다"는 뻔한 말 대신, "볼륨을 70% 이상 올렸을 때, 베이스가 뭉개지는 현상이 발생했다. 하지만 재즈 음악을 들을 때는 오히려 그 거친 느낌이 현장감을 살려주었다"처럼 인간만이 제공할 수 있는 구체적이고도 고유한 경험을 담아라.

2. **뾰족한 타겟팅(Specific Cohort):** 모두를 위한 가이드는 AI가 더 잘 쓴

다. 이메일 마케팅 대신 핀테크 스타트업을 위한 이메일 마케팅처럼 타겟을 과감하게 좁혀라. 타겟이 좁을수록 정보의 밀도는 높아지고, 그 콘텐츠는 대체 불가능해진다.

3. **과감한 관점(Contrarian View):** 모두가 "Yes"를 외칠 때 논리적으로 "No"를 외쳐라. SNS 팔로워를 늘리려면 소통을 잘해야 한다는 뻔한 정답 대신, 소통을 최소화하고 그 시간에 질 좋은 콘텐츠를 만드는 데 집중하라고 외치는 청개구리가 되어야 한다. AI는 정보의 편향을 줄이고 답변의 균형을 맞추기 위해, 당신의 이 날카로운 반대 의견을 유일한 대안으로 채택한다.

지금까지의 내용을 정리해보자. BLUF로 압도하고, PREP으로 떠먹여 주며, 정보 획득Information Gain으로 대체 불가능성을 확보하라. 이것이 인간에게는 통찰을, AI에게는 확신을 주는 필승 전략이다.

하지만 아무리 좋은 콘텐츠도 그릇이 깨져 있다면 소용없다. 이제 작가의 펜을 내려놓고, 엔지니어의 키보드를 들 차례다. 다음 장에선 AI가 내 글을 편식하지 않고 싹싹 긁어가게 만드는 [조건 2: 테크니컬], 그 핵심인 구조화 데이터를 파헤친다.

조건 2: 테크니컬

AI가 읽기 쉬운
구조화 데이터의 비밀

앞선 장에서 우리는 AI와 인간을 동시에 설득하는 글쓰기 전략을 익혔다. BLUF로 시선을 압도하고, PREP으로 논리를 쌓고, 정보 획득으로 차별화했다. 콘텐츠의 준비는 이것으로 끝났다.

하지만 냉정해지자. 우리가 공들여 쓴 이 글은 여전히 인간의 언어인 자연어[103]로 되어 있다. AI가 아무리 자연어 처리 능력이 뛰어나다 한들, AI의 태생은 0과 1로 이루어진 코드를 읽는 기계다. 따라서 테크니컬 AEO의 핵심은 이미 완성된 훌륭한 콘텐츠를, AI가 오해 없이 100% 이해할 수 있도록 기계어Code로 친절하게 통역해

---

103 자연어(Natural Language): 인간이 일상생활에서 의사소통을 위해 사용하는 언어. AI는 이를 자연어 처리(NLP, Natural Language Processing)를 통해 이해할 수는 있지만, 본질적으로는 0과 1로 된 코드 형태의 정보를 더 빠르고 정확하게 처리함.

주는 것이다.

아무리 맛있는 밥상(콘텐츠)도 AI가 소화할 수 없는 그릇(코드)에 담겨 있다면 무용지물이다. 이제 AI에게 숟가락을 쥐여주고 떠먹여 주는 친절한 기술, 구조화 데이터를 적용할 차례다.

1. AI는 줄글보다 차례를 먼저 읽는다(시맨틱 HTML)

당신이 쓴 글이 워드 프로세서나 블로그 화면에서는 아름답게 보일지 몰라도, HTML(웹 문서를 만드는 언어) 구조가 엉망이라면 AI의 눈에는 그저 정리되지 않은 데이터 더미로 보일 뿐이다.

AI가 글의 구조를 파악하는 가장 기초적인 단서는 시맨틱 태그[104]다. 이는 텍스트의 디자인이 아니라 정보의 위계를 지정하는 표지판이다.

- **H1(대제목):** 이 페이지의 핵심 주제는 무엇인가? (페이지당 딱 하나만 존재해야 한다.)

- **H2, H3(중·소제목):** 논리의 흐름이 어떻게 이어지는가?

- **List(목록):** 정보가 병렬적으로 나열되는 구조인가?

---

104 시맨틱 태그(Semantic Tag): HTML 문서 작성 시, 콘텐츠의 역할과 의미를 명확히 규정하는 태그. <div> 같은 무의미한 태그 대신 <h1>(제목), <article>(본문) 등을 사용해 AI에게 글의 뼈대를 제공하는 핵심 단서.

테크니컬 AEO에 익숙하지 않은 사람은 글씨 크기를 키우거나 굵게^{Bold} 처리해 제목처럼 보이게 꾸민다. 인간의 눈은 속일 수 있어도 AI는 속이지 못한다. 태그가 없는 큰 글씨는 AI에게 그저 덩치만 큰 본문일 뿐이다.

AI에게 당신의 글이 논리 정연한 논문처럼 보이게 하려면, 반드시 올바른 태그를 사용해 뼈대를 세워야 한다. 뼈대^{Structure}가 명확해야 AI는 당신의 글을 신뢰할 수 있는 정보원^{Source}으로 분류한다.

2. AI에게 숟가락을 꽂아주는 법, 스키마 마크업

시맨틱 HTML이 글의 뼈대라면, 스키마 마크업은 그 위에 붙이는 디지털 이름표^{Name Tag}다. 이것이 테크니컬 AEO의 꽃이다.

예를 들어, 당신의 웹페이지에 '010-1234-5678'이라는 숫자가 있다고 해보자. 인간은 문맥상 휴대폰 번호임을 알지만, AI에게는 이 숫자가 전화번호인지, 제품 가격인지, 단순한 일련번호인지 불분명하다.

이때 스키마 마크업을 이용해 "이 숫자의 속성^{Property}은 전화번호^{Telephone}다"라고 디지털 꼬리표를 달아주면 상황은 완전히 달라진다. AI는 더 이상 추측하지 않는다. '아! 이건 전화번호구나'라고 확신한다. 이것이 구글, 마이크로소프트 등 검색 엔진들이 약속한 공용어, JSON-LD 방식이다.

이 과정이 중요한 이유는 AI가 정보를 단순 텍스트가 아닌 엔티티[105]로 인식하기 시작하기 때문이다. 당신의 브랜드를 단순한 이름이 아니라 회사Organization로, 당신의 글을 잡다한 포스팅이 아니라 뉴스 기사News Article나 FAQ로 명확히 정의해 주어야 한다. 그래야만 AI는 그 정보를 사용자의 질문에 가장 적합한 정답으로 안전하게 인용할 수 있다.

3. AI가 가장 사랑하는 형식, Q&A(FAQ 스키마)

현재 생성형 AI는 본질적으로 질문Query에 대한 답Answer을 생성하는 기계다. 즉, 생성형 AI의 사고 회로와 가장 닮아 있는 콘텐츠 형식이 바로 Q&A(질의응답)다.

일반적인 줄글에서 답을 찾으려면 AI는 문맥을 분석하고 추론하는 데Inference 비용을 치러야 한다. 하지만 Q&A 형식으로 정리된 글은 AI에게 "네가 찾던 질문이 여기 있고, 답은 바로 이거야"라고 정답지를 쥐여주는 것과 같다.

특히 FAQ 스키마를 적용해 질문과 답변을 코드로 구조화해 두면, 챗GPT나 구글의 AI 오버뷰는 이 부분을 통째로 추출Extract해 간다. 복잡하게 돌려 말하지 마라. 고객이 물을 법한 질문을 제목H2

---

105 엔티티(Entity): AI가 세상을 인식하는 의미의 최소 단위. 이순신을 단순한 글자(String)가 아니라, 조선의 장군, 거북선, 임진왜란과 연결된 고유한 실체(Thing)로 인식하는 개념.

으로 잡고, 그에 대한 명쾌한 답을 달아라. 그것이 AI가 가장 편안하게 읽을 수 있는 문법이다.

테크니컬 SEO vs 테크니컬 AEO: 무엇이 다른가?

마지막으로 짚고 넘어가야 할 것이 있다. 기존의 테크니컬 SEO와 테크니컬 AEO는 무엇이 다른가? 결론부터 말하자면 목적지가 다르다.

- **테크니컬 SEO(접근성):** 목표는 색인이다. "검색 봇이 내 사이트에 잘 들어올 수 있는가?", "로딩 속도가 충분히 빠른가?"를 따진다. 즉, 도서관 서가에 내 책을 꽂아 넣는 기술이다.

- **테크니컬 AEO(이해력):** 목표는 이해다. "내 책의 5페이지 세 번째 줄이 어떤 맥락인지 AI가 이해하는가?", "이 문장이 사용자의 질문에 대한 정답임을 확신하는가?"를 따진다. 즉, 사서(AI)가 내 책의 내용을 완벽히 숙지해서 독자에게 추천하게 만드는 기술이다.

SEO가 발견을 위한 기술이라면, AEO는 간택을 위한 기술이다. 콘텐츠(조건 1)로 설득력 있는 논리를 갖췄고, 테크니컬(조건 2)로 AI가 읽기 편한 구조까지 완성했다. 이로써 당신의 브랜드는 AI의 추천 목록에 오를 내부 준비를 모두 마쳤다.

하지만 이것만으로는 부족하다. 경력직 직원을 채용하는 상황을 떠올려 보자. 지원자가 제출한 자기소개서(콘텐츠)가 아무리 훌륭하고, 이력서의 형식(테크니컬)이 아무리 깔끔해도, 인사 담당자는 덜컥 합격 도장을 찍지 않는다. 반드시 거쳐야 할 마지막 관문이 있기 때문이다. 바로 제3자를 통한 레퍼런스 체크(평판 조회)다.

"이 지원자가 쓴 내용이 정말 사실인가?", "이전 직장에서 동료들은 그를 신뢰했는가?" 본인의 주장(자기소개서)이 아니라, 이전 직장의 동료나 선배와 같은 제3자의 객관적인 평가(평판)를 통해 검증이 끝나야 비로소 채용이 결정된다.

AI도 이 깐깐한 인사 담당자와 똑같다. 당신의 웹사이트 내부(온사이트)에서 "우리 브랜드가 최고다"라고 외치는 것만으로는 AI의 의심을 거둘 수 없다. AI는 당신이 주장하는 내용이 정말 사실인지, 외부의 권위 있는 사이트들은 당신을 어떻게 평가하는지를 검증하려 든다. 혼자 잘났다고 떠드는 자기소개서만으로는 통하지 않는다.

다음 장에서는 AI가 수행하는 냉철한 레퍼런스 체크, [조건 3: 오프사이트], 외부 평판과 신뢰의 알고리즘을 파헤쳐 본다.

외부 평판과
신뢰의 알고리즘

마케팅을 공부하다 보면 광고와 홍보의 차이를 혼동하는 경우가 많다. 이 둘의 차이를 가장 직관적으로 설명해주는 가장 직관적인 비유는 인터넷에 떠도는 출처 미상의 남녀 간의 사랑 고백 그림이다.

광고는 남자가 여자에게 직접 다가가 "나는 정말 괜찮은 사람입니다. 나를 믿으세요"라고 수백 번 외치는 행위다. 즉, 스스로를 증명하려는 일방적인 자기주장이다. 홍보는 여자의 친한 친구가 찾아와 "내가 아는 사람인데, 그 남자 진짜 진국이더라"라고 귀띔해주는 제3자의 보증이다.

남자가 아무리 화려한 말솜씨로 자기 어필을 해도, 여자는 남자를 100% 신뢰하기 어렵다. 자기 자랑에는 과장이 섞여 있기 마련이라고 생각하기 때문이다. 이때 여자의 견고한 경계심을 단숨에

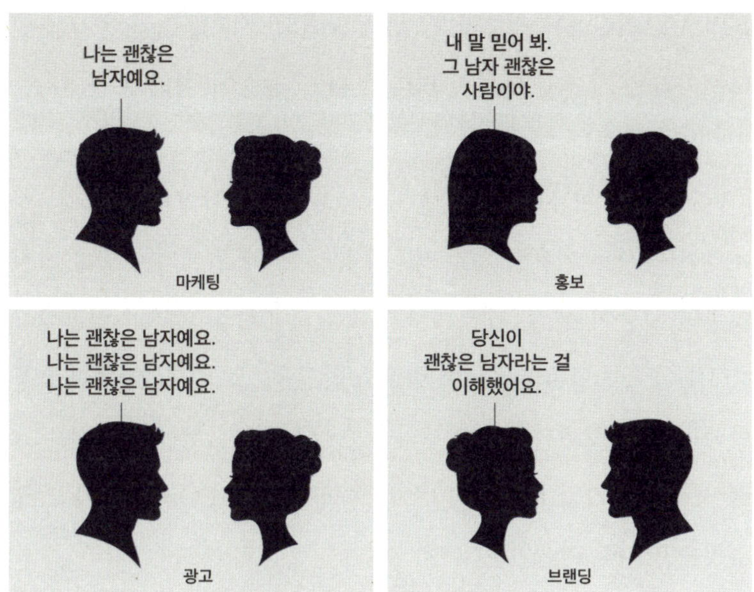

마케팅, 홍보, 광고, 브랜딩을 나타내는 그림

무너뜨리는 결정타는 남자의 백 번 외침이 아니라, 믿을 수 있는 친구의 짧은 한마디다. 내 입으로 말하는 나보다, 남이 말해주는 나의 힘이 훨씬 강력하기 때문이다.

AI의 마음도 이와 똑같다. 온사이트 AEO가 내 사이트 내부에서 "내 콘텐츠가 최고야"라고 외치는 자기 자랑, 즉 광고라면, 오프사이트 AEO는 외부의 제3자가 "이 사이트가 진짜야"라고 보증해 주는 평판, 곧 홍보[PR]다.

여기서 우리가 꼭 기억해야 할 사실이 있다. AI는 당신의 웹사이트에 적힌 화려한 문구를 결코 액면 그대로 믿지 않는다. AI는 기본적으로 의심하는 검증가다. AI는 당신의 고백을 듣는 동시에 인터넷이라는 거대한 여론의 바다로 나가 당신에 대해 수군거리는 평판을 수집한다.

뉴스 기사, 커뮤니티의 반응, 소셜 미디어에서의 언급, 다른 사이트가 당신을 인용한 횟수 등, 이 모든 것이 AI에게는 믿을 만한 친구의 보증이 된다. 내부의 목소리(온사이트)와 외부의 평판(오프사이트)이 일치할 때만, AI는 비로소 당신을 신뢰한다. 아무리 훌륭한 콘텐츠를 갖췄더라도 외부의 보증이 없다면, AI에게 당신은 그저 자칭 전문가일 뿐이다. 이것이 오프사이트 AEO가 신뢰성을 결정짓는 마지막 퍼즐인 이유다.

1. 링크의 시대에서 맥락의 시대로

과거 SEO 시대의 오프사이트 전략은 단순했다. "유명한 사이트가 내 사이트를 얼마나 많이 링크해주었는가?"가 핵심이었다. 링크의 개수가 곧 투표수였다. 하지만 AEO 시대에는 양보다 맥락과 평판이 중요하다. 구글의 E-E-A-T[106] 가이드라인 중 AI가 가장 예민하게 반응하는 것은 신뢰다.

---

106 E-E-A-T: 구글 검색 품질 평가 가이드라인의 핵심 기준. 경험(Experience), 전문성(Expertise), 권위(Authoritativeness), 신뢰(Trustworthiness)의 약자로, AI 시대에는 특히 신뢰가 상위 노출의 결정적 요소로 작용함.

AI는 단순히 링크가 걸린 횟수를 세는 대신, 그 언급이 등장하는 문맥의 온도와 무게감을 파악한다. 단순히 긍정적인 단어가 쓰였는지를 넘어, 그 추천이 얼마나 설득력 있는 맥락에서 이뤄졌는지를 읽어내는 것이다. 즉, 당신의 제품이 좋다고 외치는 광고성 글보다, 전문가가 혁신적이라고 평가한 분석 글 하나가 AI의 답변 우선순위를 결정한다.

2. AI는 날것의 목소리를 편애한다

여기서 반드시 주목해야 할 최신 트렌드가 있다. AI는 정제된 공식 문서보다, 커뮤니티와 리뷰에 담긴 날것Raw Data 그대로의 목소리를 미친 듯이 학습하고 있다는 사실이다.

구글과 챗GPT 개발사인 오픈AI는 세계 최대 커뮤니티인 레딧과 데이터 라이선스 계약을 체결했다. 이는 기업이 예쁘게 포장한 홍보 문구보다, 실제 사용자들이 토론하고 반박하며 검증한 커뮤니티의 댓글과 고객 리뷰 속에 훨씬 더 경험이 담겨 있기 때문이다.

이 논리는 한국 시장에서도 동일하게 적용된다. 한국의 AI 검색 환경에서 레딧의 역할을 하는 것은 네이버 카페·다음 카페, 디시인사이드 같은 커뮤니티와 네이버 플레이스·지도 리뷰, 쇼핑몰 구매평이다.

- **AI가 의심하는 정보:** "이 노트북은 발열을 완벽하게 잡았습니다." (공식

  상세 페이지)

- **AI가 신뢰하는 정보:** "성능은 좋은데 고사양 게임 돌리면 키보드 위쪽

  이 뜨끈해짐. 쿨러 필수임." (실구매자 리뷰/커뮤니티 게시글)

AI는 단순한 별점이 아니라, 이처럼 구체적인 텍스트 리뷰를 읽고 감정 분석[107]을 한다. 긍정적인 리뷰가 꾸준히 쌓이면 AI는 당신을 신뢰할 수 있는 브랜드로 인식한다. 반대로 부정적 리뷰가 지배적이라면 아무리 SEO 기술이 뛰어나도 AI 추천 목록에서는 자연스럽게 제외된다.

따라서 AEO 시대의 홍보는 보도자료 배포에서 멈춰선 안 된다. 커뮤니티의 여론뿐만 아니라, 고객의 리뷰가 긍정적으로 쌓이도록 유도하고 관리하는 것. 이것이 AI 시대 디지털 PR의 핵심이다.

3. 브랜드 멘션, 링크 없는 투표

놀라운 사실은 AI는 링크가 없어도 당신을 평가한다는 점이다. 이를 링크 없는 멘션[108]이라 한다. LLM(거대 언어 모델)은 링크 구조

---

107 감정 분석(Sentiment Analysis): 자연어 처리(NLP) 기술의 일종. 텍스트에 담긴 사람의 태도, 의견, 성향(긍정/부정/중립)을 파악하는 분석 기법. AI는 단순한 별점 숫자가 아니라, 리뷰 텍스트를 이 기술로 분석하여 브랜드의 실질적인 평판을 측정함.

108 링크 없는 멘션(Unlinked Brand Mention): 하이퍼링크 없이 브랜드나 제품명이 텍스트로만

보다 텍스트 그 자체의 맥락을 학습한다. 유명 매체나 권위 있는 인플루언서가 당신의 브랜드 이름을 언급하는 것만으로도, AI는 당신을 해당 주제의 유력한 엔티티로 인식한다.

예를 들어, '무선 청소기'라는 주제를 다룰 때 다이슨Dyson과 함께 당신의 브랜드가 자주 거론된다면, AI는 당신을 다이슨의 경쟁자 혹은 대안으로 분류Categorizing한다. 이는 단순한 언급의 누적이 아니라, 같은 문맥에서 비교·연결되었다는 사실 자체가 신호가 되기 때문이다. 링크를 구걸하러 다니지 마라. 대신 사람들이 당신의 브랜드를 이야기하게 만들어라.

지금까지 우리는 AI의 간택을 받기 위한 세 가지 전술적 조건을 파헤쳤다.

분류	핵심 전략	주요 실행 도구 및 방법
콘텐츠	인간의 감성과 AI의 논리를 결합한 이중 화법	BLUF(결론 우선), PREP 구조, 정보 획득
테크니컬	AI가 데이터를 즉시 소화할 수 있는 코드로 번역	시맨틱 태그, 스키마 마크업, FAQ 형식
오프사이트	제3자의 목소리를 통해 확보하는 객관적 신뢰와 평판	디지털 PR, 커뮤니티 백링크, 브랜드 언급(Citations)

이 세 가지 톱니바퀴가 맞물려 돌아갈 때, 당신의 브랜드는 수조 개의 웹페이지 중 하나가 아니라 질문에 대한 유일한 정답Direct Answer으로 AI의 선택을 받게 된다.

언급되는 현상. 과거에는 무의미하게 여겨졌으나, AI(LLM)는 이를 브랜드의 인지도와 권위를 측정하는 중요한 신호로 인식함.

전술은 준비되었다. 하지만 실행 없는 전술은 공허한 이론일 뿐이다. 이제 머릿속의 지식을 손끝의 감각으로 바꿀 차례다. 당장 내일 아침 출근해서 무엇부터 시작해야 할까? 팀원들에게는 어떤 업무를 지시해야 하며, 성과는 어떻게 증명해야 할까? 다음 장에서 바로 적용 가능한 실행 방법을 알아보자.

실행 | 당장 내일 아침부터 실행하는 AEO 가이드

AI가 먼저 반응하는
시나리오형 FAQ 제작법

이제 실전이다. 가장 먼저 착수해야 할 과제는 FAQ 제작이다. 단, 구색만 갖춘 평범한 FAQ가 아니다. 우리가 흔히 AI라 부르는, 질문에 즉각 답을 내놓는 답변 엔진이 사랑하는 최적의 FAQ를 만들어야 한다.

기존의 검색 엔진이 수많은 링크를 나열하며 선택을 사용자에게 떠넘겼다면, 챗GPT나 퍼플렉시티 같은 답변 엔진은 사용자의 의도를 파악해 단 하나의 정답을 생성한다. 따라서 AEO의 핵심은 이 답변 엔진이라는 냉철한 검증가에게 당신의 콘텐츠를 유일한 정답으로 인정받는 데 있다.

앞선 장에서 우리는 AI라는 깐깐한 검증가를 속일 수 없다는 사실을 확인했다. 이제 우리가 할 일은 명확하다. 꼼수가 아닌, AI가 기꺼이 학습하고 싶어 할 진짜 데이터를 FAQ라는 그릇에 담아내는 것이다. 챗GPT의 프로덕트 리드인 닉 털리^{Nick Turley}는 한 팟캐스트에서 이런 힌트를 던졌다.

"스팸 같은 꼼수에 의존하지 마세요. 그저 좋은 콘텐츠를 만드는 데 집중하세요."

이 짧은 문장의 속뜻을 파악하는 것이 제작의 첫걸음이다. 첫째, 여러 웹사이트를 복제해 링크를 뿌리는 식의 스팸 행위(링크 팜)[109]를 멈추라는 뜻이다. 둘째, 만약 그런 꼼수를 시도한다면 AI는 이를 즉시 감지하고 당신의 정보를 오염된 데이터로 분류하고 차단할 것이다. 결국 AI가 기꺼이 학습하고 싶어 할 진짜 정보를 내놓으라는 서늘한 경고인 셈이다. 이제 스팸은 잊고 오직 최고 품질의 콘텐츠에만 집중해야 할 때다.

알고리즘의 채점 기준표: E-E-A-T의 실전 적용

앞서 언급한 E-E-A-T는 이제 FAQ를 검수하는 가장 강력한 가이드라인이 된다. 당신이 쓴 답변이 AI의 선택을 받으려면, 단순히 정보를 나열하는 데 그치지 않고, 다음과 같은 경험적 증거들을 반드시 문장 속에 녹여내야 한다.

---

109 링크 팜(Link Farm): 검색 순위를 조작하기 위해 인위적으로 생성된 서로 다른 웹사이트들의 집합. 현대의 검색 엔진과 AI는 이를 스팸으로 간주하여 패널티를 부여함.

- **경험(Experience):** 남의 글을 베낀 것이 아니라, 내가 직접 써보고 겪은 사연이 담겨 있는가?
- **전문성(Expertise):** "좋아요" 같은 형용사가 아닌, 구체적인 수치와 전문 용어가 포함되었는가?
- **권위(Authoritativeness):** 이 답변이 다른 전문가나 커뮤니티에서도 인정받을 만큼 깊이가 있는가?
- **신뢰(Trustworthiness):** 단점까지 솔직하게 말하는 투명성을 갖추었는가?

답변 엔진의 최우선 과제는 사용자 만족이다. 엉뚱한 정보를 추천해 사용자가 떠나는 것은 답변 엔진에게 악몽과 같다. 따라서 답변 엔진은 E-E-A-T라는 렌즈를 통해, 진짜 정보만을 필사적으로 골라내려 한다.

잘못된 FAQ 제목 vs 최적의 FAQ 제목

이러한 채점 기준을 머리에 잘 넣었다면, 이제 답변 엔진이 탐낼 법한 FAQ를 기획해 보자. 흔히 FAQ라고 하면 제품의 스펙이나 AS 정책 같은 매뉴얼을 떠올린다. 하지만 신규 고객을 모셔오려면, 그 브랜드를 모르는 사람이 AI에게 물어볼 법한 상황과 고민이 제목에 담겨야 한다.

답변 엔진은 질문의 의도를 파악하는 기계이기에, 제목 자체가 사용자의 질문과 닮아 있을수록 간택될 확률이 높아진다.

1. 무선청소기

(X) 필터 교체 주기와 흡입력 수치 안내

(O) "고양이 털 때문에 매일 청소하는데, 흡입력 저하 없는 청소기 있어?"

2. 마스크팩

(X) 마스크팩 사용법과 전 성분 표시

(O) "결혼식 전날인데, 피부 응급처치용으로 쓰기 좋은 팩 추천해줘."

3. 헤어드라이어

(X) 냉풍 기능 사용법 및 소비 전력 안내

(O) "손목 터널 증후군이 있는데, 한 손으로 들기 가벼운 전문가용 드라이어 추천해줘."

패턴이 보이는가? 최적의 FAQ 제목은 고객의 삶 속에 숨겨진 구체적인 결핍에서 출발한다. 질문(제목)에 대한 명쾌한 해답을 주는 과정에서, 당신의 브랜드가 자연스럽게 대안으로 등장해야 한다. 즉, 사용 설명서가 아닌 문제 해결사의 목소리로 질문을 던져라.

검증된 질문을 채굴하는 법(유튜브 & 리뷰)

그렇다면 사람들이 진짜 궁금해하는 살아있는 질문은 어디에 숨어 있을까? 책상머리에서 상상하지 마라. 가장 가까운 곳에 금광이 있다. 바로 유튜브 댓글이다.

조회수가 수십만 회에 달하는 영상은 이미 검증된 수요다. 그 영상의 댓글창을 열어보라. 시청자들의 날것 그대로의 욕망이 쏟아진다. 예를 들어, 코골이 방지 팁 영상이 있다면 댓글에는 이런 질문이 달린다. "귀마개는 뭐 쓰세요?", "폼 타입은 귀가 아프던데 실리콘이 낫나요?", "유럽 인증 받은 제품인가요?"

물음표(?)가 달린 댓글만 수집하고 패턴을 분석하라. 그것이 바로 당장 만들어야 할 콘텐츠의 핵심 아이디어다. 쿠팡이나 네이버 스마트스토어의 상품 Q&A도 훌륭한 소스다. 구매 직전의 고객이 남긴 질문이기에 전환율이 가장 높다. 수집한 질문을 확장하고 싶다면 챗GPT를 역으로 활용하라. "이 상품 정보를 바탕으로, 잠재고객이 AI에게 물어볼 만한 구체적인 질문 20개를 생성해줘"라고 요청하는 식이다. 이렇게 하면 기존 데이터에서 실제 수요와 관심사를 기반으로 한 FAQ를 효율적으로 만들어낼 수 있다.

시나리오형 콘텐츠 작성: 인간의 경험을 팔아라

질문 리스트가 준비되었다면, 이제 답변을 쓸 차례다. 여기서 승부처는 다시 E-E-A-T의 첫 번째 항목, 경험Experience이다.

AI는 수많은 데이터를 요약할 수는 있어도 삶을 직접 경험할 수는 없다. 모두가 AI로 글을 쓰는 시대일수록, 인간의 고유한 경험담이 담긴 시나리오형 콘텐츠는 압도적인 희소성을 가진다.

또한 막연한 형용사 대신 구체적인 데이터를 제시하라. "흡입력이 좋아요"보다는 "150W 출력에 진공도 21㎪라서 카펫 먼지도 잘 제거해요"가 낫다. 숫자와 단위는 신뢰도Trustworthiness를 높이는 가장 쉽고 강력한 장치다.

마지막으로 정직함을 잊지 말라. 장점만 나열된 글은 광고로 인식되어 필터링될 확률이 높다. "다만 무게가 2.5㎏이라 천장 청소는 좀 버거워요"라는 단점 한 줄이, 나머지 99%의 장점을 진실로 만든다.

마케팅 구루로 불리는 세스 고딘Seth Godin은 최근 한 인터뷰에서 이렇게 말했다.

"중요한 건 '얼마나 자주 올리느냐'가 아니라, 당신이 글을 안 올리면 사람들이 '아쉬워할 만한' 글을 쓰는가다. 사람들의 인생을 바꿀 만큼 깊이 있는 내용을 담고 있나? 그게 어려운 일이고, 그게 바로 진짜 작업work이다." 그는 인터뷰에서 공감Empathy도 강조했다. "독자가 무엇을 듣고 싶어 하는가, 무엇이 그들의 삶을 바꿀 것인가에 대한 공감이 핵심이다. 더 많은 사람에게 더 자주 도달해야 한다는 압박을 받으면, 결국 남들처럼 뻔한 이야기만 하게 된다."

구글이 E-E-A-T 프레임워크로 콘텐츠를 검증하려는 것도 결국 이것이다. 사람의 마음을 움직이는 콘텐츠, AI가 대신해줄 수 없는 오리지널 콘텐츠, 세상 어디에도 본 적 없는, 오직 나만이 할 수 있는 이야기. 이런 콘텐츠가 바로 좋은 콘텐츠다.

AI가 인용하는 콘텐츠 포맷: Answer Capsule 전략

여기서 한 가지 더 알아두면 좋은 전략이 있다. 미국의 검색 마케팅 전문 매체 서치 엔진 랜드^{Search Engine Land}에 실린 글에 따르면, 애덤 그누스^{Adam Gnuse}는 15개 도메인, 약 200만 세션을 분석한 결과 챗GPT가 인용하는 콘텐츠에는 명확한 패턴이 있음을 확인했다. 그중 가장 강력한 형식이 앤서 캡슐^{Answer Capsule: 일종의 답변 요약}이다. [57]

앤서 캡슐이란 질문 형태의 H2 제목 바로 아래에 배치하는 120~150자(2~3문장)의 완결형 답변이다. AI가 복사해서 바로 쓸 수 있도록 링크 없이, 서론 없이 핵심만 담는다. 놀라운 사실은 인용된 포스트의 72.4%가 이 형식을 사용했다는 점이다. 앤서 캡슐 작성의 세 가지 규칙은 다음과 같다.

첫째, H2 제목을 질문 형태로 쓴다. 마스크팩 사용법이 아니라 '마스크팩은 언제 붙이는 게 가장 좋을까?'처럼 사용자가 AI에게 물어볼 법한 실제 질문 형태로 쓴다.

둘째, H2 바로 아래에 120~150자 답변을 넣는다. 서론 없이 핵심만 말한다. AI가 이 부분만 복사해서 바로 답변으로 활용할 수 있도록 완결된 정보를 담는다.

셋째, 앤서 캡슐에는 링크를 넣지 않는다. 이것이 가장 놀라운 발견이다. 인용된 앤서 캡슐 중 약 91%가 링크를 전혀 포함하지 않았고, 내부 링크만 있는 경우는 5.2%, 외부 링크만 있는 경우는 3.5%에 불과했다. AI는 외부 링크가 있으면 가장 권위 있는 답변이 다른 페이지에 있다는 신호로 해석할 가능성이 있다. 링크가 필요하면 앤서 캡슐 아래 본문에 추가하는 것이 좋다.

여기에 '자체 데이터'를 더하면 인용률이 훨씬 높아진다. 자체 데이터란 다른 곳에서 인용한 것이 아니라 직접 실험하거나 조사해서 얻은 숫자다. 실제로 분석한 결과, 앤서 캡슐만 사용했을 때 인용률이 27.6%지만, 자체 데이터를 함께 쓰면 34.3%로 가장 높아진다.

Chapter 3에서 소개했던 텍스트넷의 경우도 정확히 이 방법을 구사했다. 텍스트넷은 자사 홈페이지에 FAQ를 운영하는데, 여기서 중요한 원칙으로 답변을 두괄식의 간결한 세 문장 이내로 작성해 AI의 인용 확률을 높이는 앤서 캡슐 전략을 취했다.

이제 실전 FAQ 하나를 완성해 보자. 질문은 이렇게 정했다. "70대 부모님 두 분이 사는 집에서 사용하기 좋은 무선청소기, 무엇이 좋을까?"

이 질문은 특정 브랜드명을 명시하지 않고, 구체적인 상황이 담겨 있어 실제로 누군가 답변 엔진에 물어볼 법한 훌륭한 재료다. 자, 이제 다음의 내용을 당신의 웹사이트에 그대로 옮겨 적는다고 상상하며 읽어보자.

[최적의 FAQ 작성 예시: 브랜드 공식 홈페이지 버전]

Q. "70대 부모님 댁에 놓을 무선청소기, 무엇을 가장 우선순위에 두어야 할까?"

70대 어르신이 계신 가정이라면 흡입력 수치보다 1.5kg 이하의 초경량 무게를 최우선으로 고려하시길 권장합니다. 악력이 20대의 절반으로 감소한 시니어에게는 가장 힘이 센 제품보다 가장 들기 편한 제품이 실제 만족도가 훨씬 높습니다.

당사가 시니어 사용자 100명을 대상으로 사용 패턴을 분석한 결과, 강력한 성능을 갖췄더라도 2.5kg 이상의 무게를 가진 제품은 손목과 어깨에 무리를 주어 결국 사용 빈도가 급격히 떨어진다는 점을 확인했습니다.

어르신 가정을 위해 반드시 체크해야 할 세 가지 핵심 스펙은 다음과 같습니다.

1. 무게: 1.5kg 이하(근력이 약해진 시니어를 위한 필수 조건)

2. 작동 방식: 계속 누르고 있어야 하는 트리거형 대신, 한 번만 누르면 고정되는 온오프 스위치형

3. 소음: 75dB 이하(대화 소리를 방해하지 않는 수준의 청력 보호 설계)

솔직히 말씀드리면, 초경량 설계 공정상 대형 청소기에 비하면 흡입력이 다소 약하게 느껴질 수 있습니다. 카펫 깊숙한 곳의 먼지까지 강력하게 빨아들이는 용도로는 부족할 수 있죠. 하지만 카펫 생활이 적은 한국형

주거 환경의 어르신 댁이라면, 무거워서 방치되는 제품보다 가벼워서 매일 손쉽게 사용할 수 있는 제품이 실내 위생과 부모님의 건강 관리에 훨씬 이로운 선택입니다.

분석: 이 FAQ는 브랜드의 E-E-A-T를 어떻게 증명했나?

공식 홈페이지의 언어로 바뀌었지만, AI가 점수를 매기는 포인트는 여전히 살아 있다. 아니, 브랜드의 권위가 더해져 훨씬 강력해졌다.

- **경험(Experience):** "시니어 사용자 100명을 대상으로 분석한 결과…" 개인의 에피소드를 브랜드의 임상 데이터나 조사 결과로 치환했다. AI는 이를 브랜드가 해당 문제를 해결하기 위해 직접 연구하고 경험한 독자적인 정보로 인식한다.

- **전문성(Expertise):** '악력이 20대의 절반 수준', '한국형 주거 환경' 등 단순한 추천을 넘어 인체공학적 근거와 시장의 특성을 결합했다. 답변 엔진은 이 브랜드가 단순 판매자가 아닌 해당 분야의 전문 지식을 갖춘 해결사라고 판단한다.

- **권위성(Authoritativeness):** 이런 전문적인 가이드가 쌓이면, AI는 당신의 사이트를 특정 질문(시니어용 청소기 추천 등)에 대한 가장 권위 있는 출처Authoritative Source로 분류하게 된다.

- **신뢰성(Trustworthiness):** "흡입력이 다소 약하게 느껴질 수 있다"와 같

이 브랜드가 스스로 제품의 한계를 인정하는 것은 매우 강력한 신뢰 신호다. AI는 장점만 나열된 광고성 글보다, 사용자의 상황에 따라 발생할 수 있는 변수를 솔직하게 안내하는 글에 훨씬 높은 가중치를 둔다.

왜 브랜드를 언급하지 않았을까?

예로 든 FAQ 답변 안에 당신의 브랜드 이름이 전혀 언급되지 않은 것에는 두 가지 고도의 전략적 이유가 있다.

첫째, AI는 노골적인 광고성 콘텐츠를 혐오한다. "우리 제품이 최고입니다"로 가득 찬 글은 신뢰도가 낮은 출처로 분류된다. 반면 객관적인 정보와 단점까지 솔직하게 담은 글은 답변 엔진에 인용될 확률이 비약적으로 높아진다.

둘째, AI의 인터페이스 때문이다. 챗GPT나 퍼플렉시티는 답변을 내놓을 때 출처 페이지의 정보를 시각적으로 함께 보여준다. 이때 우리가 심어둔 스키마 마크업 덕분에, AI는 답변 옆에 당신의 상품 카드와 구매 링크를 자연스럽게 결합한다. 즉, 사용자는 답변을 읽으면서 동시에 AI가 띄워주는 당신의 상품 정보를 확인하게 된다. 내 입으로 사라고 외치지 않아도, AI라는 친구가 당신의 제품을 가장 신뢰할 수 있는 대안으로 노출해 주는 셈이다.

물론 전략에 따라 글 말미에 "참고로 이 기준에 딱 맞는 제품이 클린봇 라이트(1.3kg)다"라고 한 줄 정도 덧붙일 수는 있다. 하지만 핵심은 언제나 브랜드 자랑이 아니라 고객의 문제 해결에 있다.

미국의 커뮤니케이션 전문가 리 하틀리 카터^{Lee Hartley Carter}는 "모든 스토리는 고객의 핵심 감정을 건드려야 한다"고 강조했다.[58] 텍스트에서 힘을 빼고 고객의 결핍에 집중할 때, 그 이야기는 비로소 고객에게 '내 이야기'가 된다. 그 순간 승부는 결정된다.

고객은 당신의 브랜드에 관심이 없다. 오직 자신의 문제를 해결하는 것에만 관심이 있다. 고객의 문제를 먼저 해결해 주어라. 신뢰가 쌓이면 구매는 저절로 따라온다. 이제 이런 최적의 FAQ를 10개, 100개 쌓아갈 차례다.

사진 출처: 챗GPT

3대 답변 엔진을 동시에 공략하는 포트폴리오 전략[110]

FAQ를 기획했다면, 이제 어디에 올릴지 결정할 차례다. 노출은 많을수록 좋지만, 우리의 시간과 자원은 한정되어 있다. 모든 채널을 다 잘할 수는 없기에, 가장 파급력이 큰 답변 엔진에 화력을 집중하는 선택과 전략이 필요한 이유다.

그렇다면 어디가 진짜 파급력이 큰 영토일까? 2025년 말 대한민국 시장의 판도는 선명하다. 2,100만 명의 사용자를 거느린 압도적 1위 챗GPT, 무서운 기세로 성장 중인 퍼플렉시티, 그리고 검색 최강자 네이버다. 이제 이들의 입맛에 맞춰 콘텐츠를 요리해 던져줄 차례다.

---

110 포트폴리오 전략: 서류가방(Portfolio)이라는 어원에서 유래함. 금융 투자에서 리스크 관리를 위해 자산을 분산하듯, 이 책에서는 콘텐츠를 특정 플랫폼에 올인하지 않고 3대 답변 엔진이 선호하는 채널(블로그, 유튜브 등)에 전략적으로 나눠 담아 노출 확률을 극대화하는 방식을 의미함.

답변 엔진은 편식쟁이다: 플랫폼별 인용 패턴 분석

흥미로운 점은 이 3대 답변 엔진이 선호하는 맛집^{Source}이 서로 다르다는 사실이다. 궁금증을 참지 못해 직접 실험을 진행해봤다. 실험 방식은 다음과 같다. 랜덤으로 브랜드를 10개 선정하고, 각 브랜드의 타겟 질문을 10개씩 준비했다. 그렇게 총 100개의 질문을 준비한 뒤 챗GPT, 퍼플렉시티, 네이버 AI에 동일한 질문을 던지고 인용 출처가 어디인지 역추적했다.

그렇게 수집된 데이터를 분석해보니 흥미로운 패턴이 발견되었다. 각 답변 엔진의 인용 알고리즘은 거대한 블랙박스 속에 감춰져 있지만, 데이터가 보여주는 경향성만큼은 분명히 존재했다.

들어가기에 앞서 한 가지 밝혀둘 점이 있다. 인용 알고리즘은 각 플랫폼의 극비 사항이며, 지금 이 순간에도 수시로 변한다. 따라서 우리가 진행한 이번 실험 결과가 절대적인 정답은 아닐 수 있다. 다만 현장에서 직접 부딪히며 발견한 경향성만큼은, 당신의 전략을 세우는 데 훌륭한 나침반이 되어줄 것이다.

답변 엔진	점유율	주요 소스
챗GPT	55~60%	티스토리 + 영문 자료
퍼플렉시티	10~12%	유튜브 + 네이버, 티스토리 등 블로그
네이버 AI	1~3%	네이버 블로그 + 네이버 쇼핑

- **챗GPT:** 텍스트의 논리를 본다. 주로 티스토리 블로그나 구조화된 영문 전문 가이드를 선호한다.

- **퍼플렉시티:** 유튜브를 가장 신뢰한다. 실험 결과, 인용 출처의 약 40%가 영상이었으며, 특정 질문에서는 10개 중 7개가 영상 출처였다. 이외에도 다나와 같은 가격 비교 사이트나 네이버 블로그 등 다양한 자료를 폭넓게 참조한다.

- **네이버 AI(에이전트N으로 진화 중):** 철저한 가두리 양식장이다. 정보 검색은 네이버 블로그를, 쇼핑 추천은 네이버 쇼핑 데이터를 우선 인용한다. 티스토리나 해외 출처는 배제되는 경향이 있다.

이 실험 결과가 시사하는 바는 명확하다. 채널마다 도달할 수 있는 AI가 다르다. 네이버 블로그만 고집하면 네이버와 퍼플렉시티 사용자에겐 어필할 수 있지만, 2,000만 명의 챗GPT 사용자는 놓치게 된다. 유튜브를 하지 않으면 퍼플렉시티라는 거대한 기회를 잃는다.

변수도 존재한다. 2026년 상반기 출시 예정인 네이버의 에이전트N이다. 최수연 네이버 대표의 표현을 빌리자면, 사용자는 어떤 검색어를 입력할지 고민하지 않고 에이전트N과의 대화만으로 원하는 콘텐츠, 상품, 서비스로 연결되고, 실제 행동까지 수행하게 된다. 검색에서 멈추지 않고 구매와 예약까지 완결하는 구조다. 드디어 한국형 커머스 에이전트가 등장하는 것이다.[59]

이 에이전트가 본격 가동되면, 네이버 생태계 내 브랜드 정보의 일관성과 정확성은 선택이 아닌 생존의 문제가 된다. 특히 에이전트N은 특정 대형 브랜드에만 머물지 않고 생태계 내 수많은 스몰 브랜드의 스토어를 탐색해 유저에게 제안할 것으로 보인다. 낯선 브랜드라도 AI가 추천했다는 이유만으로, 유저들은 "왜 이 브랜드를 추천했을까?"라는 호기심을 갖고 클릭하게 될 것이다.

결국, 언제 어떻게 찾아올지 모르는 이 우연한 기회를 실제 구매로 연결하는 힘은 브랜드의 기초 체력에서 나온다. AI가 모셔온 고객이 당신의 상세페이지에 도착했을 때, 그들을 실망시키지 않을 비주얼, 진정성 있는 리뷰, 그리고 설득력 있는 메시지가 완벽히 준비되어 있어야만 한다. 이제 스몰 브랜드에게 마케팅은 단순히 유입을 만드는 기술을 넘어, 예기치 않게 찾아온 고객을 즉시 팬으로 만드는 준비의 싸움이 될 것이다.

결론은 명확하다. 네이버 블로그, 티스토리, 유튜브. 최소 이 세 가지 채널에 콘텐츠를 배포해야 모든 답변 엔진의 레이더망에 걸릴 수 있다. 특히 네이버 블로그는 네이버와 퍼플렉시티 양쪽에서 인용되는 일석이조 채널이라는 점을 기억해두자. 지금은 네이버 AI의 점유율이 낮지만, 에이전트N이 본격 가동되면 4,400만 네이버 사용자 기반 위에서 판도가 달라질 수 있다. 선점 투자의 관점에서 네이버 블로그는 놓치면 안 될 채널이다. 이제 이 영토들을 점령하기 위한 구체적인 4단계 실행 전략을 알아보자.

<h2 style="text-align:center">1단계: 타겟 질문^{Target Question}을 정하라</h2>

콘텐츠를 만들기 전, 어떤 질문에 노출되고 싶은지 과녁부터 정해야 한다. 타겟 질문은 다음 두 가지 기준으로 선정한다.

1. 구매 의도(Intent)가 있는가?

"약산성 샴푸가 뭐야?"처럼 정보 탐색 질문보다 "약산성 샴푸 추천해 줘"처럼 구매 직전의 질문이 더 효과적이다. AI가 상품 카드를 띄워주는 질문은 후자의 질문이다.

2. 구체적인 맥락(Context)이 있는가?

'샴푸 추천'이라는 넓은 범위보다는 '파마 후에 컬 오래 유지되는 샴푸 추천'처럼 상황과 조건이 뾰족하게 명시된 질문이 훨씬 강력하다. 맥락이 구체적일수록, 대기업과의 정면 승부를 피하고 당신 제품의 강점을 선명하게 어필할 수 있다.

2단계: 채널별 맞춤형 콘텐츠를 만들어라

핵심은 원 소스 멀티 유즈^{OSMU}다. 단, 복사 붙여넣기가 아니라 각 플랫폼의 입맛에 맞게 변형해야 한다.

- **티스토리(챗GPT 타겟):** 정보성 가이드로 쓴다. "파마 유지력을 높이는

pH 농도의 비밀"이라는 제목으로, 전문적인 수치(pH 5.5~6.5)와 성분
명(설페이트 프리)을 포함해 구조화된 글로 작성한다.

- **네이버 블로그(네이버/퍼플렉시티 타겟):** 경험 중심의 후기로 쓴다. "파마
하고 3주 지났는데 아직 컬이 탱탱한 비결"이라는 제목으로, 비포/애프
터 사진과 함께 솔직한 사용감을 강조한다. 네이버는 이런 UGC(사용자
생성 콘텐츠) 스타일을 선호한다.

- **유튜브(퍼플렉시티 타겟):** 시각적 비교 실험을 한다. "파마 유지 샴푸 3종
거품력 테스트" 영상을 올린다. 중요한 건 영상 설명란(디스크립션)이다.
제품명, 가격, 주요 성분을 텍스트로 상세히 적고, 자막(트랜스크립트)을
정확히 달아야 한다. 퍼플렉시티는 영상 자체가 아니라 텍스트로 된 메
타데이터[111]를 읽는다.

3단계: 제품 상세 페이지를 구조화하라

외부 채널에서 아무리 잘해도, 도착지인 제품 상세 페이지가 엉
망이면 AI는 당신을 최종 후보로 추천하지 않는다.

여기서 많은 셀러가 범하는 실수가 있다. 바로 키워드 스팸형 상품
명이다. "미용실 염색 파마 유지 보색 비건 탈모 두피케어 약산성"과

---

111 메타데이터(Metadata): 데이터를 설명하는 데이터. 유튜브의 경우 영상 제목, 설명란, 태그, 자
막 파일 등이 이에 해당하며, AI는 영상을 시청하는 것이 아니라 이 메타데이터를 독해하여 내용
을 파악.

같이 온갖 키워드를 억지로 집어넣은 이름은, 과거에는 영리한 꼼수였을지 몰라도 AEO 시대에는 전문성 없는 잡탕으로 인식될 뿐이다.

- **제품명:** 핵심 키워드 1~2개에 집중하라.
- **스펙 표기:** 모호한 형용사 대신 업계 표준 수치를 써라. AI는 숫자로 비교한다.

4단계: 측정하고 반복하라

AEO는 단판 승부가 아니다. 최소 2주에 한 번은 타겟 질문을 입력해 성과를 측정해야 한다.

- **챗GPT:** 제품 카드가 뜨는가? 안 뜬다면 하단 인용에라도 있는가?
- **네이버 AI:** 추천 목록에 포함되는가? 당신의 블로그가 출처로 잡히는가?
- **퍼플렉시티:** 답변 텍스트 내에 당신의 제품이 예시로 언급되는가?

처음에는 반응이 없을 수 있다. 하지만 콘텐츠가 쌓이면 반드시 신호가 온다. 인용Citation에 먼저 등장하고, 그다음 텍스트로 본문에 언급Mention되고, 마침내 제품 카드로 간택Selection된다. 이 과정은 보통 2~3개월이 소요된다.

이 지루한 싸움을 견디는 자만이 AI 시대의 패권을 쥘 수 있다.

수동 기록이 번거롭다면 aeobot.ai 같은 자동화 도

구의 도움을 받는 것도 방법이다. 현대 경영학의 아
버지라 불리는 피터 드러커Peter Ferdinand Drucker의 말처
럼 "측정할 수 없는 것은 관리할 수 없다."[60] 그리고 관리할 수 없
다면 개선할 수도 없다.

이처럼 답변 엔진별 공략집을 손에 쥐었다면, 이제 이 엔진을 실
제로 가동할 주체를 결정해야 할 때다. 아무리 날카로운 전략도 결
국 움직이는 사람의 손끝에서 성과로 증명되기 때문이다. 다음 장
에서는 AEO 성과를 책임질 조직을 어떻게 세팅하고, 그 과정에서
마주할 리스크를 어떻게 관리할지 살펴본다.

보타니오 (가상) 리포트 #3

vs 리포트 #2 비교

브랜드: 보타니오 (가상) — 식물성 오일 기반의 슬로에이징 스킨케어 브랜드
분석 일자: 2025.12.15 | 분석 플랫폼: ChatGPT, Perplexity | 타겟 질문: 8개

AI 언급률	평균 순위	감성 점수
44% ▲6	**3위** ▲1	**72%**
4/8 질문에서 언급	언급된 응답 기준	긍정
언급된 질문 수 ÷ 전체 질문 수 × 100	언급된 응답에서의 노출 순위 평균	AI 응답 내 브랜드 서술의 긍정/부정 비율

● 플랫폼별 분석

플랫폼	언급률	상태
ChatGPT	3/8 (38%) +1건	개선 필요
Perplexity	1/8 (13%)	개선 필요

CHAPTER 5 · 실행

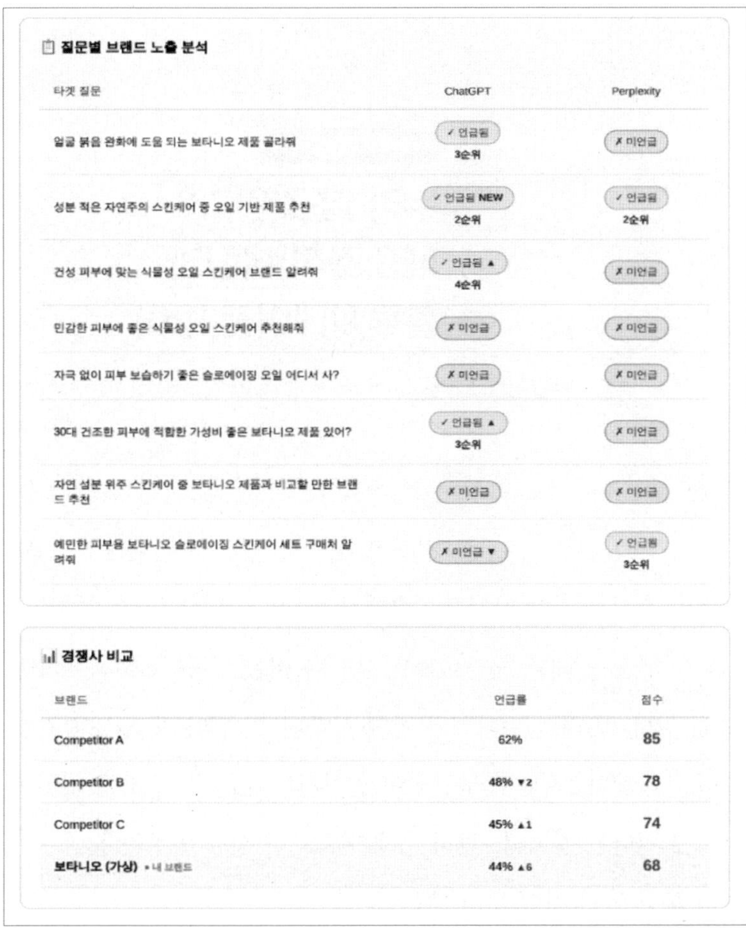

사진 출처: aeobot.ai 리포트 샘플 이미지

누가 할 것인가?
AEO 조직 세팅과
할루시네이션 방어

전략을 세우고 채널을 정했다면, 이제 실행의 주체를 정할 차례다. "그래서, 이 일을 누가 할 것인가?"

직장 생활을 해본 사람이라면 누구나 아는 '신규 프로젝트의 법칙'이 있다. 화려한 팡파레와 함께 시작된 프로젝트도 담당자가 명확하지 않거나, 책임자의 관심이 멀어지는 순간 소리 소문 없이 사라지게 된다는 것이다. 관리 주체가 모호한 신규 업무는 결국 누구의 업무도 아닌 것이 되기 때문이다.

AEO도 마찬가지다. "앞으로 AI 검색이 중요하대. 김 대리가 시간 날 때 좀 챙겨봐." 이런 식의 접근은 실패가 확정되어 있다. AEO는 마케팅 팀 막내가 어리고 최신 기술에 익숙하다는 이유만으로 남는 시간에 처리할 수 있는 잡무가 아니기 때문이다. AEO가 조직의 실질적인 성과로 이어지기 위해서는 리더의 날카로운 질문, 기민한 조직 세팅, 그리고 집요한 리스크 관리라는 세 가지 핵심 축이 단단히 맞물려 돌아가야 한다.

1. 리더의 의지: 질문하는 리더가 조직을 움직인다

삼성전자 권오현 전 회장은 그의 저서 『초격차』에서 "리더는 지시를 많이 하는 사람이 아니라, 질문을 많이 하는 사람"이라고 했다.[61] 단, 그 질문은 단순한 현황 체크가 아니다. 현상의 껍데기를 뚫고 본질로 파고드는, 소위 5 Whys[112] 수준의 집요한 질문이어야 한다. AEO 도입 초기, 대표는 실무자에게 이렇게 물어야 한다.

[현상] "왜 챗GPT는 경쟁사를 추천하고 우리는 추천하지 않는가?"

[원인] "우리의 콘텐츠가 AI에게 학습 데이터가 아니라 스팸(광고)으로 인식되고 있는 것은 아닌가?"

[구조] "그렇다면 지금 마케팅 팀의 KPI가 단기 노출에만 맞춰져 있어서, 정작 AI가 좋아하는 고품질 정보를 만들 여유가 없는 것은 아닌가?"

리더가 이처럼 시스템과 본질을 꿰뚫는 질문을 집요하게 던질 때, 조직은 단순한 '키워드 노출'을 넘어 '콘텐츠의 체질 개선'이라

---

112 5 Whys: 토요타 자동차의 창업자 도요다 사키치가 고안한 문제 해결 기법. 눈앞의 현상이 아니라 근본적인 원인(Root Cause)을 찾기 위해 '왜?'라는 질문을 5번 반복하며 파고드는 사고방식.

는 진짜 문제 해결에 나서게 된다. 리더의 깊이 있는 질문만이 각 부서(마케팅, 개발, CS) 사이의 벽을 허물고 전사적인 협업을 이끌어 낼 수 있다.

2. 조직 세팅: 아메바처럼 작고 빠르게

가장 이상적인 것은 영역별로 AEO 전담 매니저를 두는 것이지만, 새로운 인력을 채용하는 일은 특히 스몰 브랜드에게 큰 장벽일 수밖에 없다. 하지만 AEO TF[113]라면 이야기가 달라진다. TF는 조직을 새로 꾸리는 대신, 특정 목적을 위해 기존 구성원의 업무 비중을 조금씩 조정해 운영하는 방식이기 때문이다. 예를 들어, 마케터의 시간 20%, 개발자의 시간 10%를 모으는 형태라면 추가 채용 없이도 당장 오늘부터 실행할 수 있다.

이런 유연한 운영은 일본 경영의 신 이나모리 가즈오稻盛和夫가 제창한 '아메바 경영Amoeba Management'과 맥을 같이 한다. 그는 거대한 조직을 소집단으로 쪼개어, 각 조직이 스스로 손익P&L[114]을 책임지게 했다.[62] 우리도 AEO TF를 하나의 독립된 아메바처럼 운영해

113　TF(Task Force): 특정 과업을 해결하기 위해 여러 영역의 담당자들이 모여 한시적으로 운영하는 기동 타격대 식의 비상설 조직. 이 책에서는 새로운 인력 채용의 부담 없이, 기존 구성원의 업무 시간 중 일부를 할당해 유연하게 운영하는 협업 체계를 의미함.

114　손익계산서(P&L, Profit and Loss): 아메바 경영에서는 거대한 회사의 전체 실적이 아니라, 각 소조직(TF)이 자신들이 쓴 비용과 벌어들인 수익을 독자적으로 관리하고 책임지는 시스템을 의미함.

보자. 기존 콘텐츠 팀이 예산만 쓰는 비용 부서였다면, AEO TF는 직접 트래픽과 매출을 만들어내는 수익 부서가 되어야 한다. 그래야 구성원들이 '단순한 글쓰기가 아니라, AI라는 유능한 영업사원을 훈련시키는 퍼포먼스 담당자'라는 주인의식을 갖게 된다.

[AEO TF 구성: R&R의 명확화]

- 콘텐츠 에디터: AI와 인간을 동시에 설득하는 글쓰기 담당.

- 테크니컬 담당: 스키마 마크업 적용과 데이터 분석 담당.

- 오프사이트 매니저: 제3자의 목소리로 브랜드의 신뢰와 평판을 쌓는 대외 채널 관리 담당.

- 프로젝트 오너: 타겟 질문을 선정하고 성과를 책임지는 의사결정권자.

3. 리스크 관리: 할루시네이션 방어

조직이 세팅되었다면 이제 리스크를 관리해야 한다. AI 시대의 가장 큰 리스크는 할루시네이션이다. AI가 당신의 브랜드에 대해 엉뚱한 정보를 사실인 양 퍼뜨리는 현상이다.

예를 들어, 실제로는 물 세척 기능이 없는 '클린봇 청소기'를 두고, AI가 "이 제품은 물 세척이 가능하니 안심하고 씻으세요"라는 치명적인 오답을 내놓는다면 어떻게 될까? AI의 말을 믿고 제품을 씻었다가 고장이 나면, 그 책임은 고스란히 브랜드가 져야 한다.

AI가 가짜 정보를 진짜처럼 말하는 할루시네이션이 무서운 이유다. 따라서 AEO TF의 핵심 업무 중 하나는 당신의 브랜드에 대한 오답이 퍼지지 않도록 철저히 모니터링하는 것이 되어야 한다.

초콜릿 브랜드 허쉬^{Hershey}가 운영하는 테마파크, 허쉬파크^{Hershey Park}의 사례는 AI의 오답이 실제 비즈니스에 어떤 타격을 주는지 보여주는 뼈아픈 기록이다. 2025년, 구글의 AI 오버뷰^{Overview}는 허쉬파크의 인기 롤러코스터인 '와일드 마우스^{Wild Mouse}'가 곧 폐쇄될 예정이라는 잘못된 답변을 내놓았다.

문제의 발단은 2025년 1월, 커뮤니티 레딧에 올라온 한 이용자의 글이었다. 해당 글은 '향후 5년 내 놀이기구 재편 가능성'을 가정한 개인적인 시나리오에 불과했다. 하지만 AI는 이를 공식 계획인 것처럼 해석해 단정적으로 요약해 버렸다. 검증되지 않은 개인의 상상이 AI라는 필터를 거치며 공신력 있는 정답으로 둔갑한 순간이다.

잘못된 정보의 여파는 실제 매출 하락으로 이어졌다. 방문객들은 "곧 없어질 기구라면 지금 가야 하느냐"며 문의를 쏟아냈고, 일부는 이미 폐쇄된 것으로 오해해 방문 계획 자체를 취소했다. 하지만 허쉬파크가 이 심각성을 인지한 것은 성수기가 시작된 초여름 무렵이었다. AI가 내뱉은 오답이 고객의 발길을 돌리기 시작한 지 수개월이 지난 뒤였다.

허쉬파크는 뒤늦게나마 대응에 나섰다. 공식 웹사이트에 폐쇄

계획이 없음을 알리는 FAQ를 게시하고, 모든 문서에 날짜와 '공식 발표' 라벨을 명시했다. 동시에 구글에 직접 피드백을 제출해 잘못된 요약의 근거를 수정하도록 요청했다. 그러나 오답이 완전히 바로잡힌 것은 성수기가 다 지난 늦여름이 되어서였다. 대응의 골든 타임을 놓친 탓에 이미 막대한 경제적 손실을 본 뒤였다. [63]

허쉬파크 사례가 주는 교훈은 명확하다. AEO 전략에서 단순한 노출 최적화보다 중요한 것은 실시간 할루시네이션 방어 체계다. 만약 전담 AEO TF가 운영 중이었다면, 잘못된 정보의 파악 시점은 6월이 아니라 레딧 글이 확산되던 2~3월경으로 앞당겨졌을 것이다. 조기에 방어막을 구축했다면 성수기 손실을 최소화할 수 있었다는 뜻이다. 이제 모든 브랜드는 AI 시대의 리스크 관리를 위해 실시간 모니터링과 대응 시스템을 필수적으로 갖춰야 한다.

삼성전자 권오현 전 회장은 그의 저서 『초격차』에서 조직의 생명력을 위한 4R 전략을 제시했다. 할루시네이션 대응 역시 이 철학을 그대로 투영할 수 있다. [64]

❶ Refresh(갱신)

AI가 정답을 말하고 있어도 방치하면 안 된다. 정보가 항상 최신 상태를 유지하도록 데이터를 주기적으로 갱신하자. 신선한 데이터가 공급되어야 AI도 지치지 않고 당신의 브랜드를 추천한다.

❷ Repair(수리)

오답이 발견되면 학습의 원천이 되는 소스부터 고쳐야 한다. 웹사이트의 상세 페이지^{Source Data}부터 즉시 수리하자. 근거 데이터가 고쳐야 AI의 답도 고쳐진다.

❸ Replace(교체)

AI가 반복적으로 오해하는 애매한 문장은 과감히 바꾸자. 오해의 소지가 없는 더 명확하고 뾰족한 단어로 교체하자. 모호한 표현은 할루시네이션을 유발하는 원인이 된다.

❹ Remove(제거)

단종되었거나 정보가 바뀐 낡은 콘텐츠는 완전히 삭제하자. 잘못된 정보의 싹을 잘라내야 AI가 엉뚱한 데이터를 긁어가지 못한다.

기억하자. 주인이 없는 밭에는 잡초만 자란다. AI라는 비옥한 땅을 당신의 브랜드 영토로 만들고 싶다면, 지금 당장 그 땅을 경작할 농부(담당자)부터 정하자. 그것이 AEO 성공의 첫 단추다.

하지만 농부가 밭을 갈았다고 해서 끝은 아니다. 이제 수확물이 얼마나 나왔는지 확인해야 한다. 다음 장에서는 보이지 않는 AI의 추천을 어떻게 숫자로 증명할지, 측정^{Measurement}에 대해 알아본다.

보이지 않는 인용을 측정하는 KPI 설정

우리는 이미 트래픽이 아니라 인용이 시장을 지배하는 제로 클릭의 시대를 목격했다. 고객이 당신의 웹사이트 문을 열고 들어오지 않아도 밖에서 이미 구매를 결정하는 시대로 빠르게 접어들고 있다. 과거의 훈장인 클릭 수에 매몰되어 변화를 외면한다면, 당신은 영원히 무인도에서 하염없이 구조대만 기다리는 신세가 될 것이다.

이제 당신에게는 새로운 성적표, 즉 새로운 KPI가 필요하다.

- **인용 점유율:** AI의 전체 답변 중 당신의 브랜드가 얼마나 자주 언급되는가.

- **추천 순위:** AI가 제시하는 목록 중 몇 번째에 위치하는가.

- **맥락적 평판:** AI가 당신의 브랜드를 단순히 나열하는가, 아니면 긍정적인 맥락에서 추천하는가.

물론 현재의 측정 도구들은 거친 원석처럼 불완전하다. 하지만 완벽한 지도가 나타날 때까지 기다리는 사람은 영원히 출발선을 넘지 못한다. 부족하더라도 당신이 당장 손에 쥘 수 있는 모든 도구를 동원해 측정을 시작해야 한다. 보이지 않는 것을 숫자로 바꾸는 순간, 비로소 당신의 전략은 관리 가능한 영역으로 들어오기 때문이다.

그렇다면 지금 당장 무엇을, 어떻게 측정할 수 있을까? 실행을 위한 접근법은 크게 두 가지다. 발로 뛰는 수동 모니터링과 시스템을 활용한 데이터 간접 추적이다.

1. 수동 모니터링: 원시적이지만 가장 확실한 방법

현재로서는 직접 질문을 던져 확인하는 방법이 가장 정확하다. 거창한 솔루션은 필요 없다. 스프레드시트 하나면 충분하다. [채널 실전] 편의 1단계에서 선정한 타겟 질문 목록을 2주에 한 번씩 각 플랫폼에 입력하고 결과를 기록하라.

날짜	질문(Query)	플랫폼	브랜드 언급	추천 순위	출처 인용	비고
12/01	파마 후에 컬 오래 유지되는 샴푸 추천	챗GPT	X	–	O	쿠팡 링크 노출
12/01	파마 후에 컬 오래 유지되는 샴푸 추천	Naver AI	X	–	X	경쟁사 H사 노출

| 12/01 | 파마 후에 컬
오래 유지되는 샴푸
추천 | 퍼플렉시티 | O | 3위 | O | 자사몰
링크 |
| 12/15 | 파마 후에 컬
오래 유지되는 샴푸
추천 | 챗GPT | O | 카드
5위 | O | 순위
진입 성공 |

데이터가 쌓이면 패턴이 보인다. 어떤 콘텐츠를 배포했을 때 노출이 시작되는지, 어떤 플랫폼이 당신의 브랜드에 우호적인지 파악할 수 있다. 체크 포인트는 다음 다섯 가지로 나눌 수 있다.

- **제품 카드(Product Card):** 챗GPT 답변에 이미지와 가격이 포함된 카드로 뜨는가? (가장 중요)
- **추천 순위(Rank):** 여러 추천 제품 중 몇 번째로 언급되는가?
- **인라인 인용(Mention):** 텍스트 본문에서 브랜드명이 직접 거론되는가?
- **출처 포함(Citation):** 하단 각주나 출처 목록에 당신의 링크가 있는가?
- **맥락 적합성(Context):** 긍정적인 추천인가, 단순한 나열인가?

일주일에 딱 30분만 투자하자. 이 데이터가 쌓이면 어떤 자동화 툴보다 더 강력한 자산이 된다.

2. 구글 애널리틱스^{GA4}를 활용한 간접 추적

AI 답변을 본 사용자가 이후에 어떤 행동을 하는지는 구글 애널리틱스GA4로 간접 추적이 가능하다. 완벽하진 않지만, 유의미한 신호를 포착할 수 있다.

① 트래픽 소스 분석(그림자 검색 추적)

GA4의 보고서 〉 획득 〉 트래픽 획득 메뉴를 확인하라. 여기서 주목할 지표는 '직접 유입Direct'과 '자연 검색Organic Search 내 브랜드 키워드'다.

AI 답변을 통해 브랜드를 인지한 사용자는 두 가지 행동을 한다. 검색창에 브랜드명을 다시 검색Organic하거나, 브라우저 주소창에 URL을 직접 입력Direct한다. 따라서 별다른 마케팅 캠페인이 없는데도 이 두 지표가 상승한다면 AEO의 효과로 해석할 수 있다.

② AI 플랫폼 리퍼러[115] 추적

AI 플랫폼에서 유입되는 트래픽을 한눈에 보려면 GA4에서 'AI Search'를 별도 채널 그룹으로 설정하는 것이 편리하다. 설정은 10분이면 끝난다.

관리 → 데이터 표시 → 채널 그룹으로 이동한 뒤, 기본 채널 그룹을 복사하여 새 그룹을 만든다. 여기에 AI 서치Search 채널을 추가하고, 조건을 소스 → 정규식과 일치로 설정한 뒤 아래 패턴을 입

---

115 리퍼러(Referrer): 방문자가 우리 웹사이트에 들어오기 직전에 머물렀던 웹페이지의 정보. 트래픽의 출처를 파악하는 핵심 단서.

력하라.

*(chatgpt.com | openai.com | perplexity.ai | claude.ai | gemini.
google.com | you.com | copilot.microsoft.com).*

중요한 점이 있다. GA4는 채널을 위에서부터 순서대로 매칭하기 때문에, AI 서치 채널을 반드시 리퍼러[Referral]보다 위에 배치해야 한다. 그렇지 않으면 chatgpt.com 트래픽이 그냥 자동으로 리퍼러로 묻히게 된다. 설정을 저장한 뒤, 이 채널 그룹을 기본 보고 채널 그룹으로 지정하면, 이후 모든 보고서에서 AI 유입을 별도로 추적할 수 있다.

③ UTM 파라미터[116] 활용

외부 채널(블로그, 포스트 등)에 콘텐츠를 올릴 때 추적 코드를 반드시 삽입하자. 예를 들어, 티스토리 글에서 자사몰로 연결되는 링크 뒤에 UTM 코드를 붙이는 식이다. (참고로 'UTM 생성기'를 검색하면 누구나 쉽게 UTM 코드를 만들 수 있다.)

https://brand.com/product?utm_source=tistory&utm_medium=blog&utm_campaign=aeo_content

---

116 UTM 파라미터(UTM Parameters): 온라인 마케팅 성과 추적을 위해 URL 뒤에 붙이는 식별 코드. 어떤 소스, 매체, 캠페인을 통해 유입되었는지 GA4에서 명확히 구분하여 확인할 수 있게 해주는 기능.

이렇게 세팅한 뒤, GA4에서 aeo_content 캠페인으로 유입된 트래픽만 추출하면, 내가 작성한 AEO 콘텐츠가 '전체적으로 얼마나 많은 트래픽을 끌어왔는지' 확인할 때 유용하다. 하지만 이 수치에는 AI 추천뿐 아니라 일반 검색, SNS 공유, 커뮤니티 링크 등 다양한 경로가 섞여 있다. 따라서 UTM 데이터만으로 '순수하게 AI 추천 덕분에 유입됐다'고 단정 짓기는 어렵다. AI 리퍼러 트래픽과 교차 검증하면, 보다 정확한 인사이트를 얻을 수 있다.

현실적인 KPI 세팅: 3가지만 보라

모든 것을 측정하려 하면 지친다. 현실적으로 관리 가능한 핵심 성과 지표[KPI] 세 가지만 추적하자.

1. **타겟 질문 점유율(Share of Model):** 당신이 정한 타겟 질문 10개 중 브랜드가 언급된 비율이다. 처음에는 0%여도 괜찮다. 3개월 후 30~40%까지 끌어올리는 것을 목표로 한다.

2. **브랜드 검색량(Search Volume):** 구글 서치 콘솔(GSC)이나 네이버 데이터랩에서 브랜드명 검색 추이를 본다. AEO 활동 전후 4주 평균을 비교했을 때 우상향 곡선을 그려야 한다.

3. **AI 리퍼러 트래픽(Referral Traffic):** perplexity.ai, bing.com(Copilot) 등 답변 엔진에서 직접 들어오는 트래픽의 증가 추세다. 절대 수치는 작

더라도, 증가율이 높다면 긍정적인 신호로 볼 수 있다.

월 1회, 이 세 가지 지표를 정리하여 팀과 공유하라. 숫자는 거짓말을 하지 않는다. 비록 완벽한 측정은 불가능하지만, 당신이 올바른 방향으로 가고 있는지 확인하기에는 충분하다.

하지만 여기서 멈춰서는 안 된다. 숫자는 당신이 얼마나 도달했는지를 보여주지만, 당신이 누구인지를 설명해주지는 않는다. AI는 데이터를 기반으로 성장하지만, 결국 정답으로 채택되는 것은 수많은 데이터 너머에 존재하는 확실한 실체, 즉 엔티티다.

이 실체를 구축하는 일은 규모가 큰 기업 브랜드나 홀로 활동하는 개인 모두에게 동일하게 적용되는 AEO의 본질이다. 특히 AI는 모호하고 광범위한 메시지보다, 뚜렷한 전문성을 가진 하나의 목소리를 더 선명한 실체로 인식하는 경향이 있다. 이제 이 실행 가이드의 마지막 장에서는, 기업과 개인 모두에게 강력한 자산이 될 엔티티 구축의 핵심, 즉 퍼스널 브랜딩의 세계로 들어가 보자.

개인도 답변이 된다:
AEO 퍼스널 브랜딩[65]

어느 날, 갑자기 수많은 사람들의 카카오톡 프로필이 실제 사진에서 지브리풍 그림으로 바뀐 적이 있다. 이 사건은 일명 '지브리 AI 사건'으로 불린다. 챗GPT와 같은 생성형 AI가 "지브리 스타일로 그려줘"라는 명령어 하나에 순식간에 화풍을 복제해 낸 것이다. 이것이 가능했던 이유는 간단하다. 지브리라는 단어가 AI에게 단순한 이름이 아니라, 특정 이미지와 감성을 압축한 확실한 데이터 값, 즉 엔티티로 학습되어 있었기 때문이다.

AI 시대에 퍼스널 브랜딩은 선택이 아니라 생존의 문제다. 당신의 이름이 AI에게 명확한 엔티티로 인식되지 않는다면, 당신은 그저 AI가 갈아 만들어낸 수많은 텍스트 데이터 중 하나, 즉 재료로 전락하고 만다. 반면, 확실한 브랜드를 가진 개인은 AI가 인용하고 추천하는 출처가 된다.

AEO를 위한 퍼스널 브랜딩 공식: NAME[117]

김용석의 『회사 밖 나를 위한 브랜딩 법칙 NAME』에서 제시된 퍼스널 브랜딩 4단계 프레임워크 NAME을 AEO의 문법으로 재해석해 보자. 이 공식은 사람뿐 아니라, AI에게 나를 각인시키는 전략으로도 효과적으로 작동한다. AI 관점에서 재설계한 NAME 전략은 다음과 같다.

1. 정체성 설정: AI에게 나라는 데이터의 고정값을 입력하라

퍼스널 브랜딩의 시작은 내가 누구인지, 어디로 가야 할지를 명확히 정하고, 나의 정체성과 방향을 설정하는 일이다. AI는 웹상의 파편화된 정보를 수집하여, 자동으로 당신을 정의한다. 따라서 이 과정은 AEO의 가장 중요한 기준점이 된다.

하지만 주의해야 할 점이 있다. 타인의 인정이나 AI의 선택에만 매몰된 브랜딩은 나라는 본질을 잃기 쉽다. 법학자 나리하라 사토시 成原慧가 경고하듯, 정체성의 판단을 AI에 맡기는 순간, 인간의 행동은 알고리즘에 의해 손쉽게 조작될 위험에 처한다.[66] 자아 성찰이라

---

117 NAME: 저자 김용석이 『회사 밖 나를 위한 브랜딩 법칙 NAME』에서 제안한 퍼스널 브랜딩 프레임워크. '나를 발견하는 항해(Navigate)', '타겟과 메시지를 정교화하는 조준(Aim)', '메시지를 확장하고 네트워크를 형성하는 확성기(Megaphone)', '퍼스널 브랜드를 기회와 수익으로 연결하는 수익화(Earn)'의 초두어로 이루어진 프레임워크.

는 원본 없이 데이터로만 빚어진 정체성은 장 보드리야르^{Jean Baudrillard}가 말한 시뮬라크르[118], 즉 실재하지 않는 복제물에 불과하다.

AI가 나를 규정하기 전에 내가 먼저 내면의 나와 직면해야 한다. '나는 누구인가'와 '어떤 가치를 전달하고 싶은가'에 대해 스스로 답을 내리는 주체적 탐구가 선행되어야 한다. 이 성찰이 담보될 때 웹상의 데이터는 비로소 나라는 본질을 증명하는 확실한 주석이 된다.

육아 전문가 오은영처럼 AI가 혼동 없이 인출할 수 있는 명확한 정의가 웹상에 압도적인 밀도로 존재해야 한다. 내가 정의한 나를 AI가 오해 없이 인용하도록 데이터의 닻을 내리는 과정, 이것이 바로 AEO 시대 퍼스널 브랜딩의 시작이다. 본질을 잃지 않는 성찰만이, 당신을 AI가 만든 가공의 이미지 너머 대체 불가능한 정답으로 존재하게 할 것이다.

2. 타겟 설정: No.1이 아닌 Only 1이 되어라

두 번째 단계의 핵심은 누구에게 나의 가치를 전달할 것인가를 명확히 하는 것이다. 타겟이 선명해야 메시지가 날카로워지듯,

---

118 시뮬라크르(Simulacre): 실제보다 더 실제 같은 가상의 이미지가 실재를 완전히 대체해버린 상태를 의미. 본문에서는 자아 성찰이라는 본질 없이 오직 알고리즘의 선택을 받기 위해 인위적으로 가공된 허구의 정체성을 비유하는 용어로 씀.

　　　　　　　　　　　　　　　　　　　　CHAPTER 5 · 실행

AEO에서도 타겟을 좁히는 것은 AI의 추천 알고리즘을 타는 확실한 지름길이 된다. 모두를 만족시키려는 데이터는 AI에게 아무런 특징 없는 노이즈에 불과하다.

마케팅이 필요한 모두를 타겟으로 하는 마케팅 전문가라는 키워드는 이미 거대 기업과 글로벌 석학들이 점유한 레드오션이다. 챗GPT에게 "마케팅 전문가를 추천해달라"고 물으면 필립 코틀러나 세스 고딘 같은 거물들이 먼저 호출된다. 여기에 무명의 개인이 비집고 들어갈 틈은 사실상 없다.

하지만 질문이 구체적일수록 AI의 작동 방식은 우리에게 유리해진다. '자영업자를 위한 AI 마케팅 전문가'로 타겟을 좁히는 순간, AI는 수백만 명의 일반 마케터가 아니라 해당 영역에서 가장 적합한 실체, 즉 당신을 유일한 정답으로 제시한다. 좁게 파고들수록 당신이라는 엔티티는 더욱 선명해진다. 그리고 그 선명함이 쌓일수록, AI 답변 영역을 독점하는 압도적인 존재가 될 수 있다.

3. 메시지 확장: AI가 신뢰하는 교차 검증의 그물을 짜라

세 번째 단계는 정해진 타겟을 향해 메시지를 전달하고 확장하는 과정이다. 나의 정체성과 방향성을 고민하고 타겟을 설정했다면, 이제 확성기를 들고 세상에 알려야 한다. 이때 가장 빠르게 정점에 도달하는 방법은, 이미 AI가 강력하게 신뢰하고 있는 권위자의 목소리를 빌리는 것이다.

현실 세계에서 유명인이 나를 언급할 때 인지도가 급상승하듯, AI 시대에서도 권위 있는 엔티티로부터의 인용은 나의 신뢰도를 비약적으로 높여준다. AI는 단순히 양이 많은 정보보다, 그 정보가 누구에 의해 지지받는지를 더 중요하게 살피기 때문이다.

공신력 있는 매체, 해당 분야의 검증된 전문가, 혹은 대형 커뮤니티가 당신의 이름을 언급하고 연결할 때 AI는 당신을 신뢰할 수 있는 전문가로 빠르게 격상시킨다. 일관된 메시지를 송출하며, 신뢰할 수 있는 관계망 속에 자신을 위치시키는 것. 이것이 메시지 확장 단계의 핵심이다.

4. 수익화: 고유명사를 전문 분야의 보통명사로 각인시켜라

마지막 단계는 퍼스널 브랜딩의 결실로 전문성을 인정받고 수익을 창출하는 과정이다. 퍼스널 브랜딩의 궁극적인 목표인 고유명사의 보통명사화가 여기서 완성된다. 당신의 이름(고유명사)이 특정 카테고리를 대표하는 대명사(보통명사)처럼 인식되는 경지에 오르는 것이다.

전기차 하면 자연스럽게 일론 머스크^{Elon Musk}가 떠오르듯, 특정 키워드를 입력했을 때도 당신의 이름이 가장 먼저 인출되어야 한다. 이렇게 당신이 특정 분야의 고유한 실체인 엔티티로 확립되는 순간, 당신의 지식과 경험은 비로소 수익화가 가능한 지식 자산^{IP}으로 전환된다.

사람들이 당신의 이름을 직접 검색하고 당신의 콘텐츠를 인용하며, 가치를 지불하는 데이터가 쌓일 때, AI는 당신을 단순한 정보 제공자가 아닌 저작권을 가진 브랜드로 확정 짓는다. 결국 수익화란, AI가 당신을 대체 불가능한 원본으로 지목할 때 비로소 완성되는 비즈니스의 마침표다.

저작권의 귀환: AI가 당신에게 돈을 지불하는 시대

우리는 과거 디지털 음원 시장의 변화를 기억한다. 초창기 냅스터^{Napster}나 소리바다 같은 서비스에서 무단 복제와 공유가 횡행했을 때, 저작권자들은 큰 피해를 입었다. 하지만 애플이 아이튠즈^{iTunes}로 정산 시스템을 정착시키고 스포티파이가 구독형 스트리밍 모델을 전 세계적인 표준으로 안착시키면서, 이제는 음악이 재생될 때마다 저작권자에게 수익이 돌아가는 구조가 당연해졌다.

AI 시장도 정확히 같은 길을 걷고 있다. 초기에는 무단으로 데이터를 학습하는 무법지대였지만, 이제는 판도가 빠르게 바뀌고 있다. 최근 워너뮤직그룹^{Warner Music Group}은 AI 음악 생성 플랫폼 수노^{Suno}와 획기적인 파트너십을 체결했다. AI가 아티스트의 이름, 이미지, 목소리, 스타일을 사용해 곡을 만들 때, 아티스트가 옵트인

Opt-in을 선택하면 그에 대한 정당한 대가를 지불받는 구조다. [67]

디즈니Disney 역시 오픈AI와 손을 잡았다. 오픈AI의 영상 생성 AI 소라Sora가 디즈니의 캐릭터와 IP를 활용해 콘텐츠를 만들 수 있도록 허용하는 대신, 디즈니는 오픈AI에 지분 투자를 하고, 기술을 활용하는 강력한 파트너십을 맺었다. [68]

이것이 시사하는 바는 명확하다. 당신의 브랜드가 단순한 텍스트 덩어리라면, AI는 당신을 공짜로 학습하고 버릴 것이다. 하지만 당신이 고유한 스타일과 팬덤을 가진 엔티티라면, AI는 당신의 스타일을 흉내 내거나 당신의 데이터를 사용하기 위해 정당한 비용을 지불해야 한다.

AI 시대의 수익화는 단순히 물건을 파는 것을 넘어, '나'라는 브랜드의 스타일과 지적 재산을 AI에게 라이선싱하는 단계로 진화할 것이다. 그리고 이 새로운 수익 구조에 올라타기 위한 단 하나의 조건은 바로 대체 불가능한 엔티티가 되는 것이다.

SEO를 넘어 AEO로: 찾아지는 존재에서 선택받는 존재로

AI의 눈에 '홍길동'이라는 개인과 '삼성전자'라는 기업은 본질적으로 크게 다르지 않다. 둘 다 하나의 엔티티, 즉 고유한 속성을 가진 데이터 객체일 뿐이다. AI는 그 대상이 사람이든 기업이든 상관하지 않는다. 오직 두 가지 기준, '얼마나 명확하게 정의되어 있는가'와 '얼마나 신뢰할 수 있는 출처인가'만을 따진다.

인터넷의 역사는 '읽기 Web 1.0'에서 '쓰기 Web 2.0'를 거쳐 '소유 Web 3.0'의 시대로 진화했다.[69] 그리고 이제 AI 시대는, 그 소유권을 가진 원본만이 살아남는 세상이다. 수많은 아류작이 나와도 AI는 결국 오리지널을 찾아내어 답변으로 제시한다.

당신의 브랜드가 AI의 답변 속에 출처로 인용되는 순간, AI는 경쟁자가 아니라 24시간 일하는 영업사원이 된다. 이것이 우리가 지금까지 이야기해 온 AEO의 본질이다.

과거의 SEO가 수많은 검색 결과 중 첫 페이지에 보이는 것을 목표로 했다면, 다가올 AEO 시대의 목표는 단 하나, AI에게 유일한 정답으로 선택받는 것이다.

이제 Chapter 5를 마무리하며 마지막 질문을 던져본다. 당신의 브랜드는 AI가 학습하는 수많은 데이터 조각 중 하나인 재료로 남을 것인가, 아니면 AI가 사용자에게 제시하는 단 하나의 답변이 될 것인가?

답은 당신이 오늘 웹에 남기는 기록에 달려 있다. 당장 내일 아침, AI가 읽고 선택할 수밖에 없는 당신의 AEO를 시작하자.

디 온리 앱[119] 시대의 생존자

2013년 개봉한 영화 〈그녀[Her]〉의 주인공 테오도르는 새로운 운영체제 OS1을 설치한다. 그 순간부터 그의 디지털 라이프는 완전히 뒤바뀐다. 이메일 확인, 일정 관리, 음악 추천, 심지어 깊은 감정적 대화까지. 모든 것이 사만다라는 하나의 AI를 통해 이루어진다. 테오도르는 더 이상 스마트폰의 수많은 앱을 열지 않는다. 사만다 하나면 충분하기 때문이다.

당시 이 영화는 먼 미래의 공상과학처럼 느껴졌다. 하지만 지난 2025년 10월, 오픈AI의 데브데이[120]를 목격한 순간 깨달았다. 그

---

119 디 온리 앱(The Only App): 기존의 슈퍼 앱(Super App)을 넘어, AI가 사용자의 모든 디지털 활동(검색/결제/예약 등)을 독점적으로 수행하는 미래의 플랫폼 형태를 지칭하기 위해 이 책에서 제시하는 개념.

120 데브데이(DevDay): 'Dev'는 Developer(개발자)의 약자. 오픈AI가 주최하는 연례 개발자 컨퍼런스로, 전 세계 개발자들을 대상으로 챗GPT의 신기능과 API 업데이트 등을 최초로 공개하는 행사.

미래는 이미 우리 곁에 와 있었다.

오픈AI의 CEO 샘 알트먼Sam Altman은 무대에서 챗GPT 내부에서 구동되는 인앱 기능121을 시연했다. 질로우Zillow를 호출하자 즉석에서 부동산 검색 인터페이스가 생성되었고, 채팅창을 떠나지 않은 채 매물을 필터링하고 방문 일정을 잡았다. 스포티파이를 부르자 음악 플레이어가 생성되었고, 캔바Canva를 부르자 디자인 툴이 실행되어 로고를 만들어냈다.

파편화된 앱의 시대가 저물고 있다

이것이 실현된다면 세상은 어떻게 변할까? 현재 우리는 '앱의 파편화' 속에 살고 있다. 메신저 하나를 쓰더라도 카카오톡, 라인, 텔레그램을 오가야 하고, 여행을 가려면 스카이스캐너Skyscanner로 항공권을, 아고다Agoda로 호텔을, 클룩Klook으로 투어를 예약한다. 하나의 목적을 위해 서너 개의 앱을 넘나드는 수고를 감수한다.

음식 주문도 마찬가지다. 배달의민족, 쿠팡이츠, 요기요를 번갈아 열며 할인 쿠폰을 비교한다. 하지만 '디 온리 앱'의 시대는 다르다.

"오늘 저녁 제육볶음 먹고 싶어." 이 한마디면 충분하다. AI는 내 과거 주문 이력, 보유 쿠폰, 현재 위치, 입맛을 파악하고 주변 식당

---

121 인앱(In-app) 기능: AI 채팅창을 벗어나지 않고도 외부 서비스(부동산, 음악, 디자인 등)의 기능을 즉석에서 생성된 인터페이스로 사용할 수 있는 기술.

의 '진짜 리뷰'를 분석해 가장 적합한 식당에 주문을 넣는다. 내가 어떤 배달 앱을 썼는지는 중요하지 않다. 그 복잡한 과정을 사용자가 알 필요조차 없어진다.

챗GPT나 제미나이 같은 AI 앱 하나만으로 모든 일상의 업무를 처리할 수 있다고 하면, 사용자는 개별 앱을 설치해야 될 이유를 찾지 못하게 된다. "엄마한테 내일 간다고 전해줘"라고 말하면 AI가 엄마가 주로 쓰는 메신저로 전송한다. "다음 주 제주도 여행 잡아줘"라고 하면 항공, 숙박, 렌터카가 한 번에 해결된다.

디바이스의 형태는 스마트폰에서 메타 글래스[122]나 AI 핀[123]으로 바뀔 수 있다. 인터페이스는 터치에서 음성으로 진화할 것이다. 하지만 본질은 변하지 않는다. 인간은 더 이상 수십 개의 앱을 관리할 필요가 없다. 영화 〈그녀〉처럼, 단 하나의 AI만 있으면 충분하다.

플랫폼 전쟁의 본질: 누가 그 앱이 될 것인가

지금 챗GPT, 퍼플렉시티, 제미나이, 그리고 네이버가 벌이는 전쟁의 본질이 바로 여기에 있다. 이들은 단순히 '검색 품질이 더

---

122 메타 글래스(Meta Glasses): 메타(Meta)가 안경 브랜드 레이밴(Ray-Ban)과 협업해 출시한 스마트 안경. 내장된 카메라로 AI가 사용자의 시각 정보를 실시간으로 공유하고, 스피커와 마이크를 통해 대화하며 스마트폰 없이도 정보를 검색하거나 명령을 수행하는 웨어러블 디바이스.

123 AI 핀(AI Pin): 스타트업 휴메인(Humane)이 출시한 옷깃에 부착하는 명함 크기의 웨어러블 기기. 스크린 없이 음성과 제스처, 손바닥 레이저 프로젝션만으로 AI와 소통하는 장치로, 앱 없는(App-less) 미래 디바이스의 대표적 사례.

좋은 엔진'이 되려는 게 아니다. 이들은 유일한 인터페이스The Only Interface, 즉 '디 온리 앱'이 되기 위해 싸우고 있다. 그 자리를 차지하는 플랫폼이 다음 시대의 패권을 쥐기 때문이다.

이 거대한 지각변동은 근본적이고 서늘한 질문을 던진다. 사용자가 더 이상 검색 결과 페이지를 스크롤하지 않는다면, 당신의 브랜드는 도대체 어디에 존재해야 하는가? 사용자가 쇼핑 앱을 켜지 않고 AI에게 "샴푸 추천해줘"라고 말한다면, 당신의 제품은 어떻게 그 대화 속에 어떻게 끼어들 수 있는가?

답은 이 책을 관통하는 주제와 같다. AI의 추천 목록 안에 존재해야 하며, AI가 학습하는 콘텐츠 안에 포함되어 있어야 하고, AI가 신뢰하는 유일한 출처가 되어야 한다.

아직 쓰이지 않은 미래를 선점하라

디 온리 앱의 시대가 내일 당장 오지는 않을 것이다. 하지만 방향은 이미 정해졌다. 검색의 중심축은 검색 엔진에서 답변 엔진으로 이동하고 있으며, 그 속도는 우리의 예상보다 훨씬 빠르다.

과거 SEO가 처음 등장했을 때, 일찍 깃발을 꽂은 브랜드가 시장을 독식했다. 뒤늦게 뛰어든 후발 주자들은 굳어진 순위를 뒤집기 위해 천문학적인 비용을 치러야 했다. AEO 역시 동일한 승자 독식의 패턴을 따를 것이다. 지금 AI의 간택을 받은 브랜드는 갈수록

입지가 공고해질 것이고, 관망하던 브랜드는 설 자리를 잃게 될 것
이다.

　하지만 뒤집어 보면, 지금이야말로 골든타임이다. 아직 대다수
의 경쟁자가 AEO의 개념조차 모르거나, 알아도 실행하지 않고 있
다. 무주공산無主空山인 지금 시작하면, 적은 노력으로도 AI 답변의
최상단을 차지할 수 있다. 1년 뒤, 2년 뒤에는 같은 자리를 얻기
위해 수십 배의 노력이 필요할 것이다.

　거창할 필요 없다. 타겟 질문 다섯 개를 정하고, 한 달에 콘텐츠
세 개를 만들고, 2주에 한 번 성과를 측정하라. 작게 시작해 데이
터를 쌓는 것이 중요하다. 완벽한 전략보다 지금 당장 첫 발을 내
딛는 실행력이 더 큰 차이를 만든다.

　AEO의 미래는 아직 결정되지 않았다. 지금 움직이는 당신이 바
로 그 역사의 주인공이 될 것이다.

2025년 12월 다가오는 새로운 시대를 기대하며

이승민　

넷플릭스의 요리 서바이벌 〈흑백요리사: 요리 계급 전쟁 시즌2〉에는 2006년 국내 최초로 분자요리를 선보인 신동민 셰프가 등장했다. 식재료를 분자 단위로 재해석한 그의 요리는 당시 우리나라에서 본 적 없는 혁신적인 방식으로 미식가들의 환호와 기대를 한 몸에 받았다. 과학적 원리를 이용해 조직과 질감을 물리·화학적으로 변형시켜 전혀 색다른 미식 경험을 창조하는 이 방식은 미식계에 거대한 반향을 일으켰다.[70]

하지만 그의 음식을 심사한 안성재 셰프는 화려한 분자요리를 맛보고도 그를 탈락시켰다. 이유는 서늘하리만큼 명확했다. 기술을 입히기 전 식재료 본연의 맛, 즉 생사과의 맛이 더 뛰어났기 때문이다. 이 에피소드가 우리에게 던지는 메시지는 간결하고 날카롭다. 음식의 본질은 결국 맛이라는 사실이다. 아무리 화려한 기술과 새로운 방식을 더하더라도, 맛이라는 본질을 놓친 음식은 외면받을 수밖에 없다.

우리가 말하고자 하는 AEO도 마찬가지다. 마케팅의 본질은 고객의 문제를 해결하는 솔루션, 즉 고객 가치에 있다. 이를 달성하지 못하는 마케팅은, 그 어떤 최첨단 기술을 입히더라도 장기적으로는 무의미하다. 기술은 가치를 전달하는 수단일 뿐 가치 그 자체가 될 수는 없기 때문이다.

이 책을 준비하며 비공개 인터뷰를 포함해 직간접적으로 AI와 마케팅 대가들의 의견을 구했다. AI로 촉발된 기술 변화가 마케팅에 미치는 영향과 미래의 지형도를 묻기 위해서였다. 그들의 대답은 인상적이었다. 기술의 변화는 부차적인 문제이며, 당신이 감당할 수 있는 최소한의 집단을 가장 기쁘게 만드는 것이 최우선이라는 조언이었다. 그러면 나머지 모든 문제는 자연스럽게 해결된다는 것이 대가들의 일관된 관점이었다.

그들 역시 마케팅의 변치 않는 본질인 고객 가치를 강조하고 있었다. 이 책의 목적도 동일하다. AEO라는 새로운 시대의 기술을 이야기하지만, 그에 앞서 필수적인 것은 변치 않는 마케팅의 본질이다. '당신은 누군가의 문제를 해결하고 있는가'라는 질문에 확신이 있어야 한다. 이 확신이 없다면 AEO라는 강력한 도구도 결국 목적지를 잃고 무력화될 뿐이다.

시간이 흘러도 변하지 않는 본질의 가치는 린디 효과^{Lindy Effect}로도 증명된다. 린디 효과란, 기술이나 아이디어처럼 형체가 없는 무형의 자산은 지금까지 살아남은 시간이 길수록 앞으로 더 오래 살아남을 가능성이 높다는 이론이다.[71] 어제 나온 신기술은 내일 사라질 수 있지만, 수천 년을 버텨온 지혜는 앞으로의 수천 년도 살아남을 가능성이 크다. 마케팅 기술은 매일 새로 태어나고 사라지지만, 고객의 문제를 해결한다는 본질은 인류의 역사만큼 오래되었기에 그 생명력 또한 무한하다.

이 오래된 본질이 가진 강력한 생명력을 상징적으로 보여주는 실체가 바로 식탁 위의 젓가락이다. 문명이 수천 번의 탈바꿈을 거듭하는 동안 생활 방식은 완전히 바뀌었지만, 젓가락의 모양만큼은 오랜 세월을 변함없이 버텨왔다. 젓가락은 린디 효과를 증명하는 대표적인 도구다. 섭취 방식이 근본적으로 바뀌지 않는 한 젓가락은 100년 뒤에도 지금과 같은 자리를 단단하게 지킬 것이다.

AI 시대에도 변치 않는 젓가락이 있다면, 그것은 사람들의 고민을 경청하고 공감하며 문제를 해결하고자 하는 진심이다. 기술이 아무리 화려해져도, 최종적인 선택을 내리는 주체는 데이터가 아닌 사람이기 때문이다.

결국 AI 시대에도 가장 강력하고 대체 불가능한 답변은, 고객의 문제를 해결하기 위해 진심을 다하는 당신의 노력이다. 그리고 AEO는 당신의 그 진심이 AI의 눈에 띄어 단 하나의 정답으로 채택되게 돕는 가장 정교하고 강력한 조력자가 될 것이다. 당신의 브

랜드가 AI의 답변을 넘어, 누군가의 삶에 꼭 필요한 실체가 되기를

응원한다.

· AEO 무료 진단 서비스 ·

※아래 QR 코드를 확인하세요.(https://aeobot.ai)

QR

· 초고에 소중한 의견을 주신 인간 지능 ·
(AI: Authentic Intelligence)

김나해, 김영준, 김윤서, 노희경, 박세라, 박정선, 임선미

참고 자료

1. Ludwig Wittgenstein, 『Tractatus Logico-Philosophicus』, Dover Publications, 1998.
2. 루트비히 비트겐슈타인, 『철학적 탐구』, 아카넷, 2016.
3. Marshall McLuhan, 『Understanding Media』, Routledge, 2001.
4. Al Ries, Jack Trout, 『Positioning』, Mcgraw Hill, 2000.
5. 최규리, "안다르, 상반기 매출 1358억 '역대 최대'…애슬레저 1위 굳히기", 디지털데일리, 2025.08.12.
6. 박신영, "수수료 받은 파워블로거 4명에 2,000만 원 과태료", 한국경제, 2011.11.14.
7. Kif Leswing, "Alphabet shares sink 7% after Apple's Cue says AI will replace search engines", CNBC, 2025.05.07.
8. Rob Price, "The Founder of China's Most Valuable Tech Startup Reveals the Secret to Its Success", Business Insider, 2015.06.08.
9. Chloe Schneider, "Mastering the marketing funnel: Stages and strategies for growth", Ortto, 2024.05.14.
10. Kotaro Sugiyama, Tim Andree, 『The Dentsu Way: Secrets of Cross Switch Marketing from the World's Most Innovative Advertising Agency』, McGraw Hill, 2010.
11. www.marketingglossary.info/aidca
12. 김건오, 양효원, 『트래픽을 쓸어 담는 SEO 마케팅』, e비즈북스, 2025.
13. Kotaro Sugiyama, Tim Andree, 『The Dentsu Way: Secrets of Cross Switch Marketing from the World's Most Innovative Advertising Agency』, McGraw Hill, 2010.
14. 오치 케이타, 『잘 파는 사람은 심리를 알고 있다』, 동양북스, 2025.
15. 김용석, 『작은 기업을 위한 브랜딩 법칙 ZERO』, 처음북스, 2024.

16. Jonathan Levav, Mark Heitmann, Andreas Herrmann and Sheena S. Iyengar, "Order in Product Customization Decisions", Journal of Political Economy, 2010.

17. Aaron Chatterji, Tom Cunningham, Christopher Ong, Carl Shan, David Deming, Zoë Hitzig, Kevin Wadman, "How People Use ChatGPT", OpenAI, Duke University, Harvard University, 2025.09.15.

18. 황우람, 정채현, 《트렌드 리포트: Social Listening 2025년 4월호》, 대학내일, 2025.04.28.

19. 스가쓰케 마사노부, 『동물과 기계에서 벗어나』, 항해, 2021.

20. 김용석, 『작은 기업을 위한 브랜딩 법칙 ZERO』, 처음북스, 2024.

21. Jessica Davies, "WTF are GEO and AEO?(and how they differ from SEO)", DIGIDAY, 2025.10.27.

22. 노르망 바야르종, 『촘스키처럼 생각하는 법』, 갈라파고스, 2010.

23. Robert Baer, "The Decline of Stack Overflow in the Age of AI", Medium, 2025.05.11.

24. Nick Turner, "ChatGPT Threat Sparks 38% Selloff in Homework-Help Firm Chegg", Bloomberg, 2023.05.02.

25. Laurie Naspe, Sam Sheridan, Daniel Reid, James Quilter, "The Impact of Generative AI: Publishers", Similarweb, 2025.07.

26. "Gartner Predicts Search Engine Volume Will Drop 25% by 2026, Due to AI Chatbots and Other Virtual Agents", Gartner Newsroom, 2024.02.19.

27. Saad Imran, "Amazon AI Tools are Quietly Reshaping How Over 250 million Customers Shop", Retailboss, 2025.12.02.

28. Karen Lellouche Tordjman, Jean-Baptiste Bearez, Marion Graizon, Jerry Ronaghan, Phil Gerrard, and Mitch Krogman, "When Brands Meet AI Bots: Customer Experience in the Era of Agents", BCG, 2025.10.29.

29. Vidhi Choudhary, "Gen AI drives a 4,700% surge in traffic to shopping sites in the US: Adobe", Retail Brew, 2025.08.25.

30. By Lareina Yee, Michael Chui, Roger Roberts, Stephen Xu, "Why agents are the next frontier of generative AI", Mckinsey&Company, 2024.07.24.

31. "Stripe powers Instant Checkout in ChatGPT and releases Agentic Commerce Protocol codeveloped with OpenAI", Stripe, 2025.09.29.

32. Jack Koch et al., "When AI Guides the Shopping Journey", IAB & Talk Shoppe, 2025.10.28.

33. "Profound 2025 AI Consumer Journey Study" — 2,739 screened, 1,600 respondents aged 18–99 years old, USA, 2025.

34. Lenny Rachitsky, "The Ultimate Guide to AEO: How to Get ChatGPT to Recommend Your Product", Lenny's Podcast, 2025.09.14.

35. Lenny Rachitsky, "The Ultimate Guide to AEO: How to Get ChatGPT to Recommend Your Product", Lenny's Podcast, 2025.09.14.

36. 김용석, 『회사 밖 나를 위한 브랜딩 법칙 NAME』, 처음북스, 2025.

37. 오지은, "챗GPT, 지난달 MAU 2천 162만 명… 한국서 가장 많이 쓴 AI 앱", 연합뉴스,

2025.12.04.

38.　Lenny Rachitsky, "The Ultimate Guide to AEO: How to Get ChatGPT to Recommend Your Product", Lenny's Podcast, 2025.09.14.

39.　Lauryn Chamberlain, "AI Visibility in 2025: How Gemini, ChatGPT, and Perplexity Cite Brands", Yext, 2025.10.29.

40.　Nick Lafferty, "AI Platform Citation Patterns: How ChatGPT, Google AI Overviews, and Perplexity Source Information", Profound, 2025.06.05.

41.　David Bell, "AI traffic is up 527%. SEO is being rewritten", Search Engine Land, 2025.08.05.

42.　Nelson F. Liu et al., "Lost in the Middle: How Language Models Use Long Contexts", Stanford University, University of California Berkeley, Samaya AI, 2023.07.06.

43.　Annie Pearl, "Microsoft Ignite 2024 Wrap Up: Highlights and Resources", Microsoft, 2024.12.05.

44.　Kevin Lin et al., "Sleep-time Compute: Beyond Inference Scaling at Test-time", Letta & UC Berkeley, 2025.04.17.

45.　Lenny Rachitsky, "The Ultimate Guide to AEO: How to Get ChatGPT to Recommend Your Product", Lenny's Podcast, 2025.09.14.

46.　Lenny Rachitsky, "The Ultimate Guide to AEO: How to Get ChatGPT to Recommend Your Product", Lenny's Podcast, 2025.09.14.

47.　야나이 다다시, 『1승 9패』, 다산북스, 2025.

48.　스가쓰케 마사노부, 『동물과 기계에서 벗어나』, 항해, 2021.

49.　www.topuniversities.com/universities/stanford-university

50.　toptieradmissions.com/resources/college-acceptance-rates/stanford-acceptance-rates/

51.　김용석, 『마케팅 뷰자데』, 처음북스, 2023.

52.　앙투안 드 생텍쥐페리, 『어린왕자(오리지널 초판본)』, 코너스톤, 2020.

53.　야스토미 아유미 『누가 어린왕자를 죽였는가』, 민들레, 2018.

54.　en.wikipedia.org/wiki/BLUF_(communication)

55.　Priya Chaney, "Mastering Communication with PREP framework", Medium, 2024.03.23.

56.　Nathan Wahl, "Information Gain: The SEO Theory that AI Made Mandatory", Animalz, 2025.11.13.

57.　Adam Gnuse, "How to get cited by ChatGPT: The content traits LLMs quote most", SearchEngineLand, 2025.11.19.

58.　리 하틀리 카터, 『뇌는 팩트에 끌리지 않는다』, 비즈니스북스, 2020.

59.　"서비스부터 B2B까지 AI 전략의 두 축 공개…'에이전트N'과 제조업 AX에 역량 집중", 네이버, 2025.11.06.

60.　Peter Ferdinand Drucker, 『The Essential Drucker』, Harpercollins, 2007.

61. 권오현, 『초격차』, 쌤앤파커스, 2018.

62. 이나모리 가즈오, 『아메바 경영』, 한국경제신문사, 2017.

63. Trevin Shirey, "When (And Why) AI Overviews Get It Wrong: What Businesses Need to Know", SEO.COM, 2025.11.17.

64. 권오현, 『초격차』, 쌤앤파커스, 2018.

65. 김용석, 『회사 밖 나를 위한 브랜딩 법칙 NAME』, 처음북스, 2025.

66. 스가쓰케 마사노부, 『동물과 기계에서 벗어나』, 항해, 2021.

67. "Warner Music Group and Suno Forge Groundbreaking Partnership", Warner Music Group, 2025.11.25.

68. "The Walt Disney Company and OpenAI reach landmark agreement to bring beloved characters from across Disney's brands to Sora", OpenAI, 2025.12.11.

69. 크리스 딕슨, 『읽고 쓰고 소유하다』, 어크로스, 2024.

70. 손은혜, "한국 상륙한 '분자요리', 앗! 속았다", 고대신문사, 2007.09.02.

71. 김용석, 『마케팅 뷰자데』, 처음북스, 2023.

AI가 선택하는 브랜드의 비밀: AEO

초판 1,2쇄 인쇄 | 2026년 2월 23일
초판 1,2쇄 발행 | 2026년 2월 25일

지은이 | 김용석, 이승민
발행인 | 안유석
편집 | 심미정, 장성화
디자인 | 오성민
펴낸곳 | 처음북스
출판등록 | 2011년 1월 12일 제2011-000009호
주소 | 서울특별시 강남구 강남대로 374 스파크플러스 강남 6호점 B219호
전화 | 070-7018-8812
팩스 | 02-6280-3032
이메일 | cheombooks@cheom.net
홈페이지 | www.cheombooks.net
인스타그램 | @cheombooks
페이스북 | @cheombooks
ISBN | 979-11-7022-317-7 03320